U0935183

李商隐集

【唐】李商隐 / 著
周杨小晓 / 编绘

江苏凤凰文艺出版社

图书在版编目（CIP）数据

李商隐集 /（唐）李商隐著；周杨小晓编绘 . -- 南京：江苏凤凰文艺出版社，2020.1

（中国诗词大家系列丛书）

ISBN 978-7-5594-4383-0

Ⅰ . ①李… Ⅱ . ①李… ②周… Ⅲ . ①唐诗－诗集 Ⅳ . ① I222.742

中国版本图书馆 CIP 数据核字（2019）第 287374 号

李商隐集

[唐] 李商隐　著　周杨小晓　编绘

总 策 划　慧源通
总 编 辑　徐运全
责任编辑　王昕宁
特约编辑　陈长元
责任校对　卓爱华
装帧设计　李志雪
出版发行　江苏凤凰文艺出版社
　　　　　南京市中央路165号，邮编：210009
网　　址　http：//www.jswenyi.com
印　　刷　嘉业印刷（天津）有限公司
开　　本　880×1230毫米 1/32
印　　张　8
字　　数　150千字
版　　次　2020年1月第1版　2020年1月第1次印刷
书　　号　ISBN 978-7-5594-4383-0
定　　价　36.80元

前　言

李商隐（约 813—约 858），字义山，号玉溪（谿）生，又号樊南生，祖籍怀州河内（今河南焦作沁阳），出生于郑州荥阳（今河南郑州荥阳市），晚唐著名诗人，和杜牧合称“小李杜”，与李贺、李白合称“三李”，与温庭筠合称为“温李”，因诗文与同时期的段成式、温庭筠风格相近，且三人都在家族里排行第十六，故并称为“三十六体”。诗作有《李义山诗集》。

李商隐一生仕途坎坷，心中的抱负无法得以实现，于是就通过诗歌来排遣心中的郁闷，他极力追求诗歌的艺术表现手法和艺术感染力，成为晚唐乃至整个唐代为数不多的刻意追求诗美的诗人。

李商隐的诗歌创作，开始时醉心于李贺那种奇崛幽峭的风格和南朝清倩流丽的诗体，并有意加以仿效而写了许多歌咏爱情的诗篇，但在唐文宗大和九年（835 年）的“甘露之变”发生后，他目睹了朝官大量被杀、宦官擅权的血淋淋的黑暗政局，其思想和创作都发生了重大转变，写下不少批判黑暗现实的忧国忧民的诗歌，留存下来的约有一百首，其中《韩碑》《随师东》《有感二首》等是比较重要的作品，主要是借用历史题材指陈时局，又含有对自我的期许，既反映出他当时的心态，也反映出当时的社会状态。

李商隐的诗歌能在晚唐独树一帜，在于他心灵善感，一往情深，尤其是他的爱情诗，开创了诗歌的新风格、新境界，在中国古典诗歌中可谓独具特色，其代表作《夜雨寄北》构思新奇、风格秾丽，成为千古绝唱。李商隐的悼亡追忆之作也写得极其感人，如《哭刘蕡》《哭刘司户蕡》《正月崇让宅》《悼伤后赴东蜀辟至散关遇雪》，都是用血泪写成的诗，令人不忍卒读。

除诗歌成就外，李商隐还是晚唐时期最重要的骈体文作家之一。这种文体注重文辞的对偶，并使用大量典故，被广泛应用在唐代官方文件中。李商隐在令狐楚的培养下，成了一位骈体文的专家，为许多官员代笔起草过奏折、书信等文书。

为满足广大读者对李商隐一生具代表性作品的阅读与鉴赏，我们精心编写了这本《李商隐集》，收录了李商隐不同时期的爱情诗、政治诗，并附《李商隐大事记》。在编写体例上，我们集众家之长，扬独家之见，辟原文、注释、译文、创作背景、赏析和轶闻异物录六个栏目，以满足读者需求。

本书秉承忠实原著的思想，在原文、注释、创作背景板块中力求翔实，对有争议的原文、注解或创作年代，我们也在精心考证后做出综合分析、研判，给出较符合史实及作品内容的说法，同时附上争议者的观点，供大家参考；在译文、赏析和轶闻异物录板块中，我们在力求翔实的基础上，给出了编著者个人或集体的思想和看法，而且在赏析过程中，我们力求挖掘原著中的美学价值和其宝贵的艺术价值、思想价值，力求客观地呈现给读者一篇艺术再创作的美文。

本书在编写过程中，参考了中华书局 1999 年 1 月第 1 版《全唐诗：增订本》（全十五册）上海辞书出版社 2013 年 8 月第一版《唐诗鉴赏辞典》（新一版）。

由于编著者的能力所限，本书在编写过程中难免存在差错或遗漏，敬请广大读者批评指正。

目　录

韩碑

元和[1]天子神武姿，彼何人哉轩与羲[2]。

誓将上雪列圣[3]耻，坐法宫[4]中朝四夷[5]。

淮西有贼[6]五十载，封狼[7]生貙貙[8]（chū）生罴（pí）。

不据山河据平地，长戈利矛日可麾[9]。

帝得圣相相曰度[10]，贼斫不死神扶持。

腰悬相印作都统[11]，阴风惨淡天王旗[12]。

愬（sù）武古通[13]作牙爪，仪曹外郎[14]载笔随。

行军司马[15]智且勇，十四万众犹虎貔[16]（pí）。

入蔡[17]缚贼[18]献太庙，功无与让[19]恩不訾[20]（zī）。

帝曰汝度功第一，汝从事[21]愈[22]宜为辞[23]。

愈拜稽（qǐ）首[24]蹈且舞[25]，金石刻画[26]臣能为。

古者世称大手笔[27]，此事不系于职司[28]。

当仁自古有不让，言讫屡颔天子颐[29]。

公[30]退斋戒[31]坐小阁，濡染[32]大笔何淋漓。

点窜[33]尧典舜典[34]字，涂改清庙生民[35]诗。

文成破体[36]书在纸，清晨再拜铺丹墀[37]（chí）。

表曰臣愈昧死[38]上，咏神圣功[39]书之碑。

碑高三丈字如斗[40]，负以灵鳌[41]蟠（pán）以螭[42]（chī）。

句奇语重喻者少，谗[43]之天子言其私。

长绳百尺拽[44]碑倒，粗砂大石相磨治[45]。

公之斯文[46]若[47]元气[48]，先时已入人肝脾。

汤盘[49]孔鼎[50]有述作，今无其器存其辞。

呜呼圣皇及圣相，相与[51]烜赫[52]流淳熙[53]。

公之斯文不示后，曷[54]（hé）与三五相攀追。

愿书[55]万本诵万遍[56]，口角流沫右手胝[57]（zhī）。

传之七十有二代，以为封禅玉检明堂基[58]。

◎注释

① 元和：唐宪宗年号。

② 轩与羲：轩辕和伏羲氏，这里代称三皇五帝。

③ 列圣：唐朝的前几位皇帝。

④ 法宫：君王主理政事的正殿。

⑤ 四夷：对中原周边四方各族的泛称。

⑥ 淮西有贼：指盘踞在蔡州的藩镇势力。

⑦ 封狼：大狼，这里借指奸恶小人。

⑧ 貙、罴：野兽，喻指叛将。

⑨ 日可麾：诗人是用鲁阳公与韩人相争援戈挥日的典故，此喻反叛作乱。麾，通“挥”。

⑩ 度：指裴度，当时的宰相。原注：“《晏子春秋》：仲尼，圣相也。”

⑪ 都统：招讨藩镇的军事统帅。

⑫ 天王旗：指皇帝仪仗的旗帜。

⑬ 愬武古通：愬，指李愬；武，指韩公武韩弘；古，指李道古；通，指李文通。四人都是裴度手下大将。

⑭ 仪曹外郎：指当时的礼部员外郎李宗闵、李正封、冯宿等人都随裴度出征。

⑮ 行军司马：指韩愈。当时裴度奏请韩愈担任他的“行军司马”。

⑯ 虎貔：猛兽，喻勇猛善战。

⑰ 蔡：蔡州，今河南省新蔡县。

⑱ 贼：指叛将吴元济。

⑲ 无与让：无人可及。

⑳ 不訾：指“不赀”,不可估量。訾：本义是“就餐”,引申义为“嘴边”“鼻前”，也有“说人坏话”的意思。

㉑ 从事：州郡官自举的僚属。

㉒ 愈：韩愈。

㉓ 为辞：指撰《平淮西碑》。

㉔ 稽首：叩头。

㉕ 蹈且舞：指古代臣子朝拜皇帝时手舞足蹈的一种礼节。

㉖ 金石刻画：指为钟鼎石碑撰写铭文。

㉗ 大手笔：指撰写国家重要文告的名家。

㉘ 职司：指掌管文笔的翰林院。

㉙ 屡颔天子颐：使皇帝多次点头称赞。颐，指面颊。

㉚ 公：指韩愈。

㉛ 斋戒：沐浴更衣。

㉜ 濡染：浸沾。

㉝ 点窜：同涂改为运用的意思。

㉞ 尧典、舜典:《尚书》中篇名。

㉟ 清庙、生民:《诗经》中篇名。

㊱ 破体：指文能改变旧体，另一说指行书的一种。

㊲ 丹墀：宫中的红色台阶。

㊳ 昧死：冒死，上书用谦语。

㊴ 圣功：指平定淮西的战功。

㊵ 碑高三丈字如斗：一作“碑高二丈字如手”。

㊶ 灵鳌：传说中驮负石碑的神兽，形似大龟。

㊷ 蟠以螭：碑上所刻盘绕的龙类饰纹。

㊸ 谗：用言辞诋毁。

㊹ 拽：用力拉。

㊺ 磨治：指磨去碑上的刻文。

㊻ 斯文：此文。

㊼ 若：像。

㊽ 元气：无法销毁的正气。

㊾ 汤盘：商汤浴盆,《史记正义》:“商汤沐浴之盘而刻铭为戒”。

㊿ 孔鼎：孔子先祖正考夫鼎。此以汤盘、孔鼎喻韩碑。

51 相与：相互。

52 赫：显耀。

53 淳熙：鲜明的光泽。

54 曷：何，怎么。

55 书：抄写。

56 遍:《全唐诗》作“过”。

57 胝：因摩擦而生厚皮，俗称老茧。

58 明堂基：明堂的基石。

◎译文

元和天子天生神武英姿勃发，可与远古的轩辕和伏羲相比。
他立誓洗雪历代先皇的耻辱，坐镇皇宫接受四夷八方贡礼。
盘踞蔡州的逆贼为祸五十年，自恃强大割据一方世代绵延。
不满足占据山河还分割平原，梦想挥戈退日胆敢作乱反叛。
圣帝幸而得到贤相裴度相助，逆贼暗杀未成自有神灵卫护。
他腰悬相印亲自统兵上战场，烈烈寒风中飘扬着天子军旗。
得力部将愬武古通倾力相助，仪曹外郎也任书记随军出征。
行军司马韩愈更是智勇双全，十四万龙虎大军陷阵又冲锋。
攻下蔡州擒住叛贼献俘太庙，功德盖世无人可比皇恩无限；
天子宣布此番裴度功劳第一，并且命令韩愈为其撰写赞辞。
韩愈拜谢隆恩欣然接受诏命，表示写歌功的文章他能胜任。
自古以来撰述都推崇大手笔，这样的事情本不属佐吏职责。

况且自古有当仁不让的箴言，天子听毕频频点头大加赞许。
韩公退朝斋戒沐浴独坐小阁，笔蘸饱墨洋洋洒洒挥毫淋漓。
推敲《尧典》《舜典》古文，化用《清庙》《生民》妙笔。
一气呵成一纸雄文别具一格，早朝时拜请铺展在玉陛丹墀。
上表说“臣韩愈冒死呈览”，请求刻碑铭记圣君贤相功业。
碑高足足有三丈字大更如斗，灵鳌驼负螭龙盘围庄严雄伟。
文字旖旎句意深长俗人难解，却有人进谗诬此文偏私失实。
用百尺长的绳索拽倒了韩碑，粗砂的大沙石磨去碑上字迹。
韩公文的浩浩真气无法磨灭，它早已深深地刻入民众心里。
正如同那汤盘和孔鼎的铭文，虽古器荡然世间却永在流传。
啊，圣王与贤相的不朽功勋，永远显耀在人寰且辉煌无比。
韩公碑文虽然不能昭示百代，宪帝功业也比不了三皇五帝。
但我愿抄一万本吟诵一万遍，哪怕嘴角流涎右手磨出茧皮。
也要让它流传于千秋万万代，作封禅的玉检和明堂的石基。

◎创作背景

这首诗背后隐藏着一段历史。唐宪宗元和十二年（817年），宰相裴度率兵平定淮西，但首先破蔡州生擒叛者吴元济的是大将李愬。宪宗命韩愈撰《平淮西碑》时，韩主要是突出了裴度在执行宪宗旨意后的运筹帷幄，引起李愬不满。愬妻（唐安公主之女）进宫诉说碑文不实，宪宗就命翰林学士段文昌重新撰文勒石，观点迥然不同。李商隐是完全赞同韩愈观点的，诗中强烈地表达了他对《韩碑》被推倒并磨去文字的愤慨，更热情地歌颂了这篇碑文。

◎赏析

这首诗以叙事为主，气势磅礴，描写了裴度奉命任统帅讨平淮西叛镇，韩愈奉命撰碑及推碑的过程，竭力推崇韩碑的典雅及其价值，高度赞扬了宰相的丰功伟绩，含蓄的批判了自私自利的行为。笔力矫健，情意深厚。

“元和天子神武姿，彼何人哉轩与羲”，诗一开始就渲染宪宗的“神武”和平叛的决心，显示出一种雄健的气势。“誓将上雪列圣耻”一句，将眼前的平叛战争和安史之乱以来国家多灾多难的历史联系起来，表明此战关系到国家的兴亡；接下来写淮西藩镇长期反抗朝廷，突出其嚣张跋扈的气焰，以反衬下面裴度平淮西功劳的不同寻常。

第二段开头四句承接开篇的四句，“帝得圣相相曰度”，先点出宰相裴度，暗示“上雪列圣耻”的关键在于“得圣相”；随即直入本题，叙述裴度统兵出征，简明直率，毫不拖泥带水；“愬武古通作牙爪”至“十四万众犹虎貔”，从麾下武将文僚一直叙述到勇猛的士兵，表现出裴度的最高统帅形象和猛将、精兵如云的宏大声势。

第三段开头两句承上启下，“入蔡缚贼献太庙，功无与让恩不訾”，从平蔡过渡到撰碑是全篇的枢纽。“帝曰汝度功第一”至“言讫屡颔天子颐”，是奉命撰碑的过程，不但写了宪宗的明确指示、韩愈的当仁不让，而且写出了宪宗的领首称许、韩愈的稽首拜舞。韩愈受命之后，作者再用详笔铺写撰碑、献碑、树碑的过程。“点窜尧典舜典字，涂改清庙生民诗”，用奇警的语言写出韩碑高古典重的风格，“句奇语重”四字，言简意赅，揭示出韩碑用意之深刻；紧接着又写推碑和诗人对这件事的感慨。写推碑，直言“谗之天子”；抒感慨，盛赞“公之斯文若元气，先时已入人肝脾”，认为韩碑自有公正评价，推碑磨字也不能消除它在人们心中留下的深刻影响。

最后一段，描绘韩碑关系到国家中兴统一事业，并赞美它的不朽。“汤盘孔鼎有述作”至“口角流沫右手胝”，将“圣皇及圣相”的功业与“公之斯文”紧密联系起来，以强调韩碑具有记述歌颂统一大业功勋。最后以“传之七十有二代，以为封禅玉检明堂基”收束全篇，说明韩碑流传千古的不朽价值。

这首诗既表现了不入律的七古笔力雄健的特点，又吸收了韩愈诗以文为诗、多用“赋”的经验，形成一种既具有健举气势，又有条有理地叙事、议论的体式，显得既雄健高古而又清新明快。

◎轶闻异物录

韩 碑

韩碑，又名平淮西碑，碑文是出于名家韩愈之手，描写唐宪宗元和十二年（817 年）李愬平定淮西（首府为河南汝南县）吴元济之战，碑成，命于蔡州紫极宫磨《吴少诚德政碑》，改刻《平淮西碑》，立在汝南城北门外。碑文约一千八百字，全文仿照《尚书》中诰的写法，古朴雅拙。沈德潜称：“《淮西碑》记叛乱，记廷议，记命将，记战功，记赦宥，记论功，而总归之于天子之明且断；井井整整，肃肃穆穆，如读江汉常武之诗。西京后第一篇大文字。”

《平淮西碑》之所以有名，其一是碑文出于名家之手；其二是一碑二文，世间少有。元和十二年（817 年），裴度统领大军平淮西时，韩愈和李愬一样都在军中任职。对于平淮西之战，韩愈亲历所见，所以战后宪宗皇帝点名让韩愈撰文立碑。韩愈接到圣谕后，极其认真地对待，碑文共一千八百字，如行云流水，似大江出峡，洋洋洒洒，一挥而就，恣意而华美。

韩愈的《平淮西碑》，歌颂了平叛战争，突出宰相裴度的战略决策之功，着眼于宣扬唐朝廷削平藩镇割据的战略方针，表现出独特的政治卓见。段文昌重撰的碑文，对李愬的功绩叙述充分，但在大处方面逊于韩碑。李商隐在《韩碑》这首诗中极力推崇韩碑，一再强调裴度的决策、统帅能力，功不可没，体现出他将国家治乱归于中枢是否得人的一贯主张，强烈地向往宪宗和裴度在伐叛战争中的明断果决和相互信任，而对宪宗后来听信谗言倒韩碑的举动不无微词。

燕台四首[①]

春

风光冉冉[②]东西[③]陌[④]，几日娇魂[⑤]寻不得。

蜜房[⑥]羽客[⑦]类芳心，冶叶倡条[⑧]遍相识。

暖蔼[⑨]辉迟[⑩]桃树西，高鬟立共桃鬟[⑪]齐。

雄龙雌凤[⑫]杳何许，絮乱丝繁[⑬]天亦迷。

醉起微阳[⑭]若初曙，映帘[⑮]梦断[⑯]闻残语[⑰]。

愁将铁网罥[⑱]珊瑚，海阔天宽[⑲]迷处所。

衣带无情有宽窄，春烟[⑳]自碧秋霜白。

研[㉑]丹擘[㉒]石天不知，愿得天牢[㉓]锁冤魄。

夹罗委箧[㉔]单绡[㉕]起，香肌[㉖]冷衬琤琤佩。

今日东风自不胜[㉗]，化作幽光入西海[㉘]。

◎注释

① 燕台四首：这一组诗原无小题，后人在诗后标注“右春”“右夏”“右秋”“右冬”，以示区分。现在编著时去其“右”字，并把它们分别移到各诗的前面。

② 冉冉：缓慢地，柔软的样子。

③ 东西：东边和西边。

④ 陌：田间东西方向的道路，泛指田间小路。

⑤ 娇魂：指女主人公。

⑥ 蜜房：蜂房。

⑦ 羽客：指道士。

⑧ 冶叶倡条：形容杨柳枝婀娜多姿，这里借指歌伎。

⑨ 暖蔼：和煦的烟霭。

⑩ 辉迟：也就是迟日。《诗经·国风·豳风·七月》："春日迟迟。"

⑪ 立共桃鬟：一作"共立桃鬟"。桃鬟：繁盛如云鬟的桃花。

⑫ 雄龙雌凤：指男女双方。

⑬ 絮乱丝繁：象征思绪纷乱。

⑭ 微阳：落日余光。

⑮ 映帘：指残阳。

⑯ 梦断：梦醒。

⑰ 闻残语：恍惚似听到梦中零星话语。

⑱ 罥：挂取，此句谓搜寻之用力。

⑲ 宽:《全唐诗》作"翻"。

⑳ 春烟：是说春景有如秋霜。

㉑ 研：磨碎。

㉒ 擘：分开。《吕氏春秋·诚廉》："石可破也，而不可夺坚；丹可磨也，而不可夺赤。"这里是说爱情坚贞不渝。

㉓ 天牢：星名。《晋书·天文志》："天牢六星在北斗魁下。"这里仅用其字面意，天牢锁其冤魂，天总会有知其冤的时候。

㉔ 夹罗委箧：把夹罗衣放在竹箱里。

㉕ 单绡：单绸衣。

㉖ 肌：一作"眠。"

㉗ 不胜：受不了。

㉘ 入西海：谓东风消逝，暗指由春入夏。

◎译文

郊外清幽的小路旁边风光旖旎，
几日光景便寻不见伊人的倩影。
蜜蜂好像世外高人在捕获芳心，
在各色新枝嫩叶间吸吮着花蕾。
和暖的春光斜照着满树的桃花，

佳人的云鬟正映在那桃花丛里。
现在雄龙雌凤将何以相许终身？
这满满的情思连天都跟着迷茫。
以酒浇愁到醒来时天已放亮了，
梦醒时依稀听到了临别的话语。
忧愁的相思如铁网捕捉着珊瑚，
可海是那么大又能去哪里找寻。
衣带虽是无情之物却也有宽窄，
春天的绿叶哪经得住秋霜摧残。
纵然把丹心磨碎了天也不可知，
宁可被锁天牢都不愿咀嚼相思。
换下身上的夹衣存放到箱子里，
触到凉凉的玉佩疑似淡淡香肌。
今日的东风已无力再留住春光，
化作一缕幽光沉入西海汪洋中。

◎创作背景

这首诗的具体写作时间不详，应写于唐文宗大和（827年）后，因为李商隐在《柳枝五首序》中提到，他的从兄（叔伯兄、堂兄）让山曾在洛阳民间少女柳枝面前吟诵他的《燕台四首》，得到柳枝的赞叹，并对作者产生爱慕之情。从《柳枝五首序》中让山称作者为“少年叔”来看，当时李商隐应当还很年轻，大概尚未登第，所以，《燕台四首》的创作年代，应比《柳枝五首》更早，大约写于大和中后期。

诗中的“燕台”，有人认为是一个女子的名字；有人认为是“燕台”是地名或楼、室等名称，而诗中的女子是“燕台”的主人；还有人认为“燕台”是指作者在玉阳山学道时认识的“宋华阳”所在的地方，这首诗就是写诗人与华阳的恋情。大多数学者认为这是一首爱情诗，少数学者认为这不是爱情诗。至于事实如何，已难评考，都只是一种推测。

◎赏析

这组诗吟咏了一段浓厚悲剧色彩的爱情，抒发对所思慕的女子一年四季的相思之情。组诗分别用“春、夏、秋、冬”为题，取《子夜四时歌》之义，是李商隐仿“长吉体”艳诗中最出色的篇章。

《春》是以女子的身份和语气着重描绘寻觅的渺茫，追忆初见时的两情相悦、缠绵悱恻，极力渲染内心深处的真挚的思念之情。

“风光冉冉东西陌，几日娇魂寻不得。蜜房羽客类芳心，冶叶倡条遍相识”，诗人从春光烂漫中寻觅心中女子而不得开始描写，似写景，又似写人。“冉冉”与“陌”描写了春天的美好景色。“几日娇魂寻不得”是作者在感慨“春光易逝、春色难留”，也可以认为诗人寻找自己心中的恋人而无果。“几日”和“寻不得”说明美好的时光稍纵即逝。“冶叶倡条遍相识”有绿肥红瘦的意思。

“暖蔼辉迟桃树西，高鬟立共桃鬟齐。雄龙雌凤杳何许？絮乱丝繁天亦迷”，追忆初见时的美好情景，描绘出人面桃花相映红的意境。“迟”和“西”交代时间是暮春的傍晚。“雄龙雌凤”指佳偶欢和。“杳何许”表达诗人的满足。“天亦迷”表明人处在极度的爱恋中，心智也会变得迷蒙。这四句是回忆二人沉浸于热恋时的情景。

“醉起微阳若初曙，映帘梦断闻残语。愁将铁网罥珊瑚，海阔天宽迷处所”，描绘雄龙雌凤杳远相隔的浩叹和魂牵梦系的情景。诗人运用对比手法，把笔触由“雄龙雌凤杳何许”一下转到“愁将铁网罥珊瑚”，一欢一愁，反差强烈。

“衣带无情有宽窄，春烟自碧秋霜白。研丹擘石天不知，愿得天牢锁冤魄”，极力渲染寻觅之渺茫，思念之深挚，愿望之强烈。“衣带无情有宽窄”是为了爱情衣带渐宽终不悔。“春烟自碧秋霜白”表达对爱情忠贞不渝的痴情。“研丹擘石天不知”表达粉身碎骨浑不怕的决心。“愿得天牢锁冤魄”写出了对爱情的痴迷。

“夹罗委箧单绡起，香肌冷衬琤琤佩。今日东风自不胜，化作幽光入西海”，想象对方在春天将逝的季节身着单绡、肌衬玉珮的情景。“夹罗委箧单绡起”通过天气变化暗指春天已经过去，随之而来的将是夏季，既是伤春，也是为写下一首做铺垫。

夏

前阁雨帘[①]愁不卷，后堂芳树[②]阴阴[③]见。

石城景物类黄泉[④]，夜半行郎空柘弹[⑤]。

绫扇唤风阊阖[⑥]（chāng hé）天，轻帏翠幕波渊旋[⑦]。

蜀魂[⑧]寂寞有伴未，几夜瘴（zhàng）花[⑨]开木棉。

桂宫流影[⑩]光难取，嫣薰兰破轻轻语。

直教银汉[⑪]堕怀中，未遣星妃[⑫]镇来去。

浊水清波[⑬]何异源，济河水清黄河浑。

安得薄雾起缃裙[⑭]，手接云軿[⑮]（píng）呼太君。

◎注释

① 雨帘：挡雨的帘子，这里指像垂帘一样稠密的雨线。

② 芳树：花木的泛指。

③ 阴阴：幽暗深邃的样子。

④ 黄泉：指阴间，人死后埋葬的地方。

⑤ 柘弹：柘木做的弹弓。

⑥ 阊阖：传说中的天宫南门，也指皇宫的正门。

⑦ 渊旋：一作“洄旋”，形容水流回转盘旋的样子。

⑧ 蜀魂：传说古蜀国开国帝王杜宇，为治蜀地洪水之患而让帝位给鳖灵，退位后隐居西山，死后化作杜鹃，暮春常常鸣叫“不如归去，不如归去”，叫声凄厉至于口中泣血。魂：一作“魄”。

⑨ 瘴花：感染上瘴气有些萎靡的花。

⑩ 桂宫流影：《全唐诗》作“桂宫留影”。桂宫：指月宫。

⑪ 银汉：指银河。

⑫ 星妃：这里指织女。

⑬ 浊水清波：这里化用曹植《七哀诗》：“浮沉各异势，会合何时谐？愿为西南风，入君怀。君怀良不开，贱妾当何依？”。

⑭ 缃裙：浅黄色的裙子。

⑮ 云軿：彩云为车。軿：古代一种有帷幔的车，多供妇女乘坐。

◎译文

前楼稠密的雨线无人能将它卷起，
后花园满树的芳香早被浓荫代替。
石头城的景物就好像阴间的摆设，
夜半时分依然回响着弹弓的声音。
绫扇摇出的风似乎吹到了南天门，
柔软翠绿的帷幕随风飘旋似流水。
望帝魂魄寂寞千古至今可有人陪，
多少不眠之夜只能坐看木棉花开。
目光如月宫流动的光影无可挽留，
体香似薰衣草和兰花在窃窃私语。
真想伸手把天上的银河拽入怀中，
让织女从此能够自由自在地往来。

污浊的水和清澈的水源头不相同，
济河的水清澈而黄河的水却浑浊。
只要能让轻似薄雾的缃裙飘起来，
我就能用手接住乘云而来的仙女。

◎赏析

《夏》是从一个男子的角度想象女子独守闺帏孤寂无伴的情景，回忆往昔聚散的场景，并祈望对方到来。

“前阁雨帘愁不卷，后堂芳树阴阴见。石城景物类黄泉，夜半行郎空柘弹”，作者起笔先写初夏雨景和石城凄清的环境，暗示女子已经离开。“前阁雨帘”与“愁不卷”互为因果，加重了男主人公的愁绪。诗人借“黄泉”形容主人公所处的地方凄清阴森，暗指自己与思念的女子相隔遥远。“夜半行郎空柘弹”是诗人引用晋代潘安的典故，感叹自己身处偏远之地无人欣赏。

“绫扇唤风阊阖天，轻帏翠幕波洲旋。蜀魂寂寞有伴未，几夜瘴花开木棉”，诗人想象着对方因辗转无眠而用“绫扇唤风”的情景，对比自己身处南方瘴花之地独守空帏的景象。“绫扇唤风”与“波洲旋”是诗人运用想象来描写自己思念的女子,在“轻帏翠幕”中因深深思念心中之人而像水波一样辗转反侧，只好用“绫扇唤风”的办法来消解内心的焦灼。“蜀魂”是诗人用蜀王杜宇化身杜鹃鸟的典故来暗喻自己对爱情忠贞不渝，与《春》中女子用“研丹擘石”表达决心遥相呼应。这两句是诗人采用对比手法，描写相爱的两人都在夜深人静时思念彼此，双双彻夜不眠的情境。

“桂宫流影光难取，嫣薰兰破轻轻语。直教银汉堕怀中，未遣星妃镇来去”，再度回忆昔日两人短暂的欢会和随之而来的分离。“桂宫”借指诗人心中的女子如嫦娥般美丽，又指所恋女子如月宫之桂，不能真正属于自己。“流影”和“光难取”是感叹所恋的女子不能长久留在自己身边。“嫣薰兰破”是形容自己的恋人不仅漂亮而且体香若兰。“轻轻语”是诗人展开联想，比喻恋人的貌美和体香似薰衣草与兰花般的完美组合，也暗指恋人和自己在一起时百般温柔，对自己有说不完的悄悄话语。“直教银汉堕怀中，未遣星妃镇来去”是诗人发自内心的美好愿望，希望自己有足够的能力能留住心上人。

“浊水清波何异源，济河水清黄河浑。安得薄雾起缃裙，手接云軿呼太君”，感叹自己为何不能与相恋之人同源，祈望对方能驾着薄雾，翩翩而来。“浊水”和“清波”是诗人化用曹植《七哀诗》，但与原意不同，是感叹自己与相爱之人不是相同地位的人。

秋

月浪冲天[①]天宇湿，凉蟾[②]落尽疏星入。

云屏[③]不动掩孤颦[④]（pín），西楼一夜风筝[⑤]急。

欲织相思花寄远，终日相思却相怨。

但闻北斗声回环，不见长河水清浅。

金鱼锁断红桂[⑥]春，古时尘满鸳鸯茵。

堪悲小苑作长道，玉树未怜亡国人。

瑶琴愔愔[⑦]（yīn）藏楚弄，越罗[⑧]冷薄金泥重。

帘钩[⑨]鹦鹉[⑩]夜惊霜[⑪]，唤起南云绕云梦[⑫]。

双珰丁丁联尺素[⑬]，内记湘川相识处。

歌唇一世衔雨看，可惜馨香[⑭]手中故。

◎注释

① 月浪冲天：一作“月浪衡天”。月浪：指月光。

② 凉蟾：秋月。

③ 云屏：用云母作装饰的屏风，或是有云形彩绘的屏风。

④ 鞶：笑的样子。古代通“嚬”。

⑤ 风筝：挂在房檐角的金属片，风起作声，也称为“铁马”。

⑥ 红桂：莽草的别名，又称水莽草，是一种有毒植物。

⑦ 瑶琴愔愔：指瑶琴的柔靡之音。琴：一作“瑟”。

⑧ 越罗：越地所产的丝织品，以轻柔精致著称。

⑨ 帘钩：这里指鸟笼。

⑩ 鹦鹉：鸟名，头圆，上嘴大，呈钩状，下嘴短小，舌大而软，羽毛色彩美丽，有白、赤、黄、绿等色，能效人语，主食果实。

⑪ 夜惊霜：笼中鹦鹉被秋夜浓霜冻得惊叫起来。

⑫ 南云绕云梦：诗人这里借用楚襄王高唐梦的典故，指女子正在梦中与心上人相会。

⑬ 尺素：小幅的丝织物，如绢、帛等。

⑭ 馨香：芳香，香气。

◎译文

月光和北斗让天空变得朦胧而朗润，
凉凉的月色退去点点星光映入窗前。
孤单的笑容被静止的屏风关在里面，
西楼风吹一夜，檐角风筝响动不断。
想亲手织一朵相思花寄给远方的人，
日日思念而不得见不由得起了埋怨。
似乎听到北斗星升又落，落了又升，
却见不到长河的水清浅到可以跨越。
一把金锁锁住了庭院中怒放的红桂，
鸳鸯锦被上已经落满了厚厚的积尘。

可叹啊！帝王庭院已成了人行长道，
庭前的玉树从来不会怜悯亡国之人。
瑶琴低沉缠绵之音饱含着隐隐悲凄，
吴越丝绸罗衫和盘绣似乎沉重难承。
笼中鹦鹉被秋夜浓霜冻得惊叫起来，
唤醒了正与心上人相会的云台一梦。
那封附有双耳珰的书札我一直珍藏，
它们是我们相遇在湘江边上的见证。
想念时我常常含着泪用香唇吻吻它，
可惜手中的余香徒留下旧日的温馨。

◎赏析

《秋》这首诗全篇都是对女子现时情境的想象。

“月浪冲天天宇湿，凉蟾落尽疏星入。云屏不动掩孤颦，西楼一夜风筝急”，作者想象着她在秋夜含愁独坐的情景。“天宇湿”，秋天夜间一般会有霜或露，给人的感觉是月色既朦胧又朗润。一个“湿”字把无法触摸的月光化虚为实。“疏星入”，在月亮落下去之后，点点的星光好像从窗户照进房间。“孤颦”是诗人想象中的恋人因思念而孤独无眠的情境。“风筝急”，诗人用急切的风声衬托人物心情的哀切与纷乱，动静相映。

“欲织相思花寄远，终日相思却相怨。但闻北斗声回环，不见长河水清浅”，想象着女子相思念远的情景，写出了她“相思”又“相怨”的矛盾却真实的内心感受。“长河”指银河，是爱情阻隔的象征。

“金鱼锁断红桂春，古时尘满鸳鸯茵。堪悲小苑作长道，玉树未怜亡国人”，想象女子孤寂凄冷，无人怜惜的情景。“锁断”指佳人因见不到自己爱人而把自己关在家中不愿出门，表明自己对爱情忠贞不渝。“春”字既指花在怒放，也暗指红颜、青春。

“亡国人”不是具体之失去国家的君主或人，是诗人用来比拟女子失去爱人孤独无依。

“瑶琴愔愔藏楚弄，越罗冷薄金泥重。帘钩鹦鹉夜惊霜，唤起南云绕云梦”，想象她秋夜弹琴、衣衫冷薄，独对爱情旧物、怀思旧情而不禁潸然泪下的情景。“越罗冷薄金泥重”，由于心情沉重而感到身上薄如蝉翼的越地丝绸和上面绣的图案都异常沉重，烘托出女主人公身体憔悴、心情沉重。

“双珰丁丁联尺素，内记湘川相识处。歌唇一世衔雨看，可惜馨香手中故”，极力描写女子始终珍藏着心上人与诗稿一起送给自己的耳饰,反复把看这些定情信物,并含泪相吻的痴情情景。但是,最终也只能哀叹这一切的“馨香”早已经成为过去了。“衔雨看”把女子的痴心之情描写得淋漓尽致。

冬

天东日出天西下，雌凤孤飞女龙寡。
青溪白石①不相望，堂上远甚苍梧野②。
冻壁霜华③交隐起，芳根中断香心④死。
浪乘画舸⑤忆蟾蜍⑥，月娥未必婵娟子⑦。
楚管蛮弦⑧愁一概，空城舞罢腰支⑨在。
当时欢向掌中销，桃叶桃根⑩双姊妹。
破鬟倭（wō）堕⑪凌朝寒，白玉燕钗⑫黄金蝉。
风车雨马不持去，蜡烛啼红怨天曙⑬。

◎注释

①青溪白石：这首诗中以“青溪”代指女子，以“白石”代指男子。《古今乐录》：“《神弦歌》十一曲，五曰《白石郎》，六曰《青溪小姑》。”

②苍梧野：任昉《述异记》中“湘水去岸三十许里有相思宫、望帝台。舜南巡不返，殁葬于苍梧之野，尧之二女娥皇、女英追之不及，相思恸哭，泪下沾竹，文奚为之班班然”。

③霜华：霜花，即霜，为粉末状结晶。华：同花，指物之微细。

④香心：指花苞，也指芳洁的心地。

⑤画舸：画船。

⑥蟾蜍：传说中月宫中有蟾蜍，一般指月亮。

⑦婵娟子：指面容美好、漂亮的女子。

⑧蛮弦：指南方少数民族的弦乐器。

⑨腰支：也作“腰肢”，腰身，身段，体态。支：一作“肢”。

⑩桃叶桃根：比喻桃叶与桃根都是桃树的一部分，是肢体相连的亲密关系。《乐府诗集》引《古今乐录》：“《桃叶歌》者，晋·王子敬所作也。桃叶。子敬妾名。缘于笃爱，所以歌之。”

⑪倭堕：倭堕髻，古代妇女的一种发式，发髻向额前俯偃。倭：一作“委”，《全唐诗》作“矮”。

⑫燕钗：旧时妇女别在发髻上的一种燕子形的钗。

⑬天曙：天明。

◎译文

太阳每天都从东方升起从西方落下，
雌凤孤单地飞翔着龙女也郁郁寡居。
清清的溪水和苍白的石头互不相望，
庙堂之远岂能知道苍梧之野的凄苦。
天寒地冻连墙上都结起白色的霜花，
花儿已经从根部断裂香气早已消失。
踏着浪花坐着画舫回忆月下的美好，

那月宫中的嫦娥都未必比你更美丽。
吹楚管，弄蛮弦，抒发一腔的愁怀，
您空城的姿色舞停后依然映在脑海。
欢乐时感觉手掌上都是销魂的味道，
这一切如同桃叶与桃根的姐妹之情。
梦醒时鬓发散乱只剩下一股透心寒，
早已不见梦中的白玉燕钗和黄金蝉。
潇潇风雨中连车马都懒得出门去了，
蜡烛泪尽时只能抱怨天亮得太早了。

◎赏析

《冬》全诗在男女主人公的之间跳跃着来写，作者时而以男主人公回忆来写，时而设想女子独处空城的孤冷之境，以及在风雨交加的冬夜，对残旧信物流泪、容颜憔悴的情景。

“天东日出天西下，雌凤孤飞女龙寡。青溪白石不相望，堂上远甚苍梧野”，描写对方失侣孤居，首句用太阳东升西落的自然规律比喻人间的生死离别，暗指对方已经失去了爱人。诗人用“青溪白石”来说明男女主人公再也不能相携相随。“苍梧野”，是诗人借用舜与娥皇女英二妃生离死别的爱情悲剧，突出诗中孤女与男子再也无法相见的悲剧。

“冻壁霜华交隐起，芳根中断香心死。浪乘画舸忆蟾蜍，月娥未必婵娟子”，作者极力渲染孤独凄凉的氛围，回忆女子的美丽容貌。“芳根中断”和“香心死”都是为了映衬“婵娟子”，进行今昔对比。说明昔日浸润在甜美爱情中的女子比月宫嫦娥都美丽；而如今，失去了爱人的女子心如死灰，憔悴的面容如同“冻壁”起“霜华”般的“交隐起”，暗喻昔日的美女如今因为失去了爱情的滋润，姣美的脸上已经隐隐有了皱纹。

“楚管蛮弦愁一概，空城舞罢腰支在。当时欢向掌中销，桃叶桃根双姊妹”，继续进行今昔对比描写，回忆过去欢乐是为烘托今日的凄凉。“愁一概”刻画出女子因为失去爱人后对一切乐器和歌舞都失去兴趣的情境。“桃叶桃根”不能简单理解为有一对姐妹叫桃叶桃根,而要结合“当时欢向掌中销”,诗人是用“桃叶”与“桃根”本是肢体相连来比喻一对恋人如胶似漆的感情。“双姊妹”依然是形容一对恋人形影不离如同亲姐妹一般。

“破鬟倭堕凌朝寒，白玉燕钗黄金蝉。风车雨马不持去，蜡烛啼红怨天曙”，想象女子在风雨冬夜独对残烛空流红泪直到天明以及天明后髻鬟松散,没有心情梳洗打扮的情景。“蜡烛啼红”，用红烛蜡滴比喻女主人公流下的眼泪，暗喻她的哀痛已经到了眼中泣血的程度，把整首诗的情感推向最高潮。

这四首诗的意境可以用“幽、忆、怨、断”来概括，每一首中都交织着现在与过去、回忆与想象的情景，但是随着时间的流逝和四季景物的变换，主人公的感情也由寻觅怀思、企盼重会，到悲慨馨香已故、情缘已逝，最后则根断心死，悲剧色彩逐渐浓重。女主人公的形象，也从《春》的“暖蔼辉迟桃树西，高鬟立共桃鬟齐”，到《夏》的“绫扇唤风阊阖天，轻帏翠幕波洄旋”,再到《秋》的“瑶琴愔愔藏楚弄,越罗冷薄金泥重”，最后到《冬》的“破鬟倭堕凌朝寒”“蜡烛啼红怨天曙”，从外在到内心都经历着由春到冬的变换。诗人不仅用炽烈的情感，浓艳的语言，纯情的抒怀笔法和极富跳跃性的结构章法，歌咏了一个带着浓厚悲剧色彩的爱情故事，而且通过回忆和想象极力渲染了压抑的氛围和幽艳的意境，形成了一种似幻似真、如痴如迷的，华艳而朦胧的风格，这种昔境与现境的迭现，实境与幻境的变化，男女主人公角色的不断切换，起到了蒙太奇式的镜头切入和变换效果。这种由时空不断变化交错，并通过奇幻的想象来构筑迷离朦胧的意境的写法，使这四首诗形成了既独立成篇又浑然天成的统一整体。

◎轶闻异物录

李商隐与宋华阳

李商隐在青年时期曾经在玉阳山修习道术，因此有人猜想他在这期间与女道士发生过恋情。在《月夜重寄宋华阳姊妹》《赠华阳宋真人兼寄清都刘先生》等诗中，李商隐提到了“宋华阳”的名字，于是宋华阳就被认为是李商隐的恋人。还有一种夸张的说法是：李商隐曾经和宋华阳姐妹二人同时恋爱。苏雪林在《玉溪诗谜》中对这个故事进行了想象和发挥，说宋阳华是李商隐的一个恋人，说《无题》中：“昨夜星辰昨夜风，画楼西畔桂堂东。身无彩凤双飞翼，心有灵犀一点通。”是李商隐在追忆他和宋华阳的恋情。

据说宋华阳原是宫内侍候公主的宫女，因随公主入道做了女道士。李商隐跟她邂逅，宋年轻美丽，聪慧多情，两人很快双双坠入情网，宋道士怀孕，李商隐被逐下山。这段感情由于不被礼教和清规容许而毫无结果，这一段短暂的欢娱在李商隐的心中留下了永远的伤痛，也是他完成那几首荡心动魄《无题》诗的引子。《无题》诗深情眷念，凄婉动人，无不显示李商隐的真情和痴情，他执着的爱恋和绵长的相思，虽都成为南柯一梦，但那一段既缠绵沉痛又极其真诚的恋情在他心灵深处留下了永久的思念与哀痛。

随师[1]东

和元年，李同捷盗据沧景，诏诸道军讨之，久未成功。每有小胜，则虚张首虏，以邀厚赏，馈运不给。沧州丧乱之后，骸骨蔽地，城空野旷，户口什无三四。

东征[2]日调万黄金，几竭中原[3]买斗心[4]。

军令未闻诛马谡[5]（sù），捷书惟是报孙歆[6]（xīn）。

但须鸑鷟（yuè zhuó）巢阿（ē）阁[7]，岂假[8]鸱鸮[9]（chī xiāo）在泮林[10]。

可惜前朝[11]玄菟（tú）郡[12]，积骸[13]成莽[14]阵云[15]深。

◎注释

①师：军队。

②东征：指讨伐叛将李同捷的战争。

③几竭中原：几乎竭尽中原的财富。中原，指黄河中下游地区，包括河南大部分地区、山东西部和河北、山西南部。

④买斗心：指用犒赏来收买、换取将士们的斗志。

⑤马谡：三国时蜀国将领。228年，诸葛亮出兵伐魏，派马谡为前锋。马谡违反军事部署，失守街亭，诸葛亮按军法挥泪斩了马谡，并自请贬官三级，以示自责。

⑥孙歆：三国时吴国都督。280年晋伐吴，晋将王濬谎报战功，说已经斩得孙歆首级，后来晋将杜预俘获孙歆，解送洛阳后，才揭穿了事实真相。

⑦鸑鷟巢阿阁：比喻贤人在朝执政，古人认为，凤凰飞集于阿阁，朝廷就会有贤相，天下就能太平。鸑鷟，凤凰的别名，这里借喻贤臣。

阿阁，四面有栋梁和曲檐的楼阁，这里借指朝廷。

⑧岂假：怎能容让。

⑨鸱鸮：猫头鹰，古人认为它是不祥之鸟，这里喻指叛乱者。

⑩泮林：泮宫旁的树林。西周诸侯国设立的高等学府叫泮宫。

⑪前朝：指汉朝。

⑫玄菟郡：汉代设置的郡，属幽州，郡治在今辽宁省沈阳市附近，这里借指李同捷据以叛乱的沧州、景州地区。

⑬骸：尸骨。

⑭莽：密生的草，这里形容尸骨成堆，密如草丛。

⑮阵云：战云，杀气。

◎译文

朝廷滥施恩赏收买诸将，中原财富几乎被搜刮光。
诸葛亮斩马谡军令不见，谎报杀死孙歆邀功请赏。
只要是贤臣在朝中执政，怎会让藩镇割据逞凶狂。
沧州景州地区战火连天，枯骨已成堆肃杀又荒凉。

◎创作背景

这首诗创作于唐文宗大和三年（829年），诗人年仅十七岁。安史之乱后，李唐王朝的北方基本上被藩镇所控制。实行割据的藩镇，在本境内练兵修城、自收租税、自定法令、自用文武官吏，实际上是各自独立的封建军阀王国。有的是父子兄弟自相继承；有的是擅杀统帅而自代其职；有的是唆使部下拥戴，自称“留后（代理节度使）”。这种分裂国家、开历史倒车的政治叛乱，几乎贯穿于李唐王朝中后期大约二百年的历史。唐敬宗宝历二年（826年），横海镇（治所在今河北省沧县）节度使李全略死，他的儿子李同捷自称留后，盘踞沧、景二州叛乱。唐文宗大和元年（827年）朝廷才调发各路军将进讨。由于军政腐败，战事旷日持久，耗费了大量的国家资财，给人民带来很大的痛苦，直至大和三年（829年）才初步平定。这年十一月，李商隐应聘为天平军节度使巡官，随同节度使令狐楚赴郓州（今山东郭城），沿途目睹了战乱后的破败景象，写了这首诗。因诗人是由洛阳去郡城，所以题为“随师东”。

◎赏析

这首诗作者托古讽今，讽刺唐朝廷讨之役中所暴露的唐廷军事、政治腐败现象，表达了作者对国家命运的关注和强烈的忧患意识。

“东征日调万黄金，几竭中原买斗心”，揭示唐王朝政策上的失误，批评朝廷对平定叛乱缺乏有效的措施。“日调万黄金”指唐朝廷为抵御藩镇，养大量军队，搜刮百姓财物作军费，加重百姓负担。“几竭中原”和“买斗心”是批评唐朝廷对军费的开支很不得当，不是用它训练军队、加强军事设施，而是用它滥施赏赐买取官兵的斗志，结果得不偿失。

“军令未闻诛马谡，捷书惟是报孙歆”，描写军纪败坏，朝廷威令不行，一味推行厚赂将领的政策，使得将领们对任意违反军令的人不依法严惩，只知道虚报战功，借以得到厚赏。

“但须鸑鷟巢阿阁，岂假鸱鸮在泮林”，深层次分析了藩镇割据存在的原因。自安史之乱以后，唐王朝的腐朽政治不曾有改善，在朝廷，宦官专权的局面进一步发展，他们甚至操纵起皇帝废立生死的权力。“但须鸑鷟巢阿阁”叹惋朝廷不求贤才辅佐，致使藩镇拥兵抗拒朝命。“岂假鸱鸮在泮林”形象地指出了藩镇割据的形成与长期存在的关键是朝廷内部贤人失位，政事不修。

“可惜前朝玄菟郡，积骸成莽阵云深”，形象地描绘出战后的凄惨景象，说明藩镇割据是一幅群盗杀掠图。诗人感叹自古都说一将成功枯万骨枯，而当下朝廷的“师东”是功未成而先枯万骨。表现出作者悲痛至极的心情。

这首诗在中间四句中连用典故，比喻恰切、讽刺辛辣、正反相间、对照鲜明。作者在诗中用“未闻”“惟是”“但须”“岂假”等词语加以串联，既新颖多变，又一气呵成，足见其少年时期已经才华横溢。

◎轶闻异物录

灭吴晋将王濬

王濬（206—286），字士治，小字阿童，弘农郡湖县（今河南灵宝西）人，西晋时期名将，出身于官吏世家，少年时代就博通典籍，而且姿貌俊美，但不注意修养品行博取名声，故而不为乡里所称道，稍后才改变志节，爽朗旷达，恢宏有大志。

西晋泰始八年（272 年），王濬任广汉太守时，纳主簿李毅之议，发兵讨灭枉杀益州刺史皇甫晏的牙门张弘等，迁益州刺史。后因治边有方，少数民族多来归附，拜右卫将军，任大司农。晋武帝与羊祜密谋伐吴，祜荐其留镇益州。王濬受命凭借长江上游地势之利，治水军，以屯田兵及诸郡兵合万余人，大造舟舰器仗，作攻吴准备。历经七年建成一支强大水军，在晋灭吴之战中起了重大作用，在王浑击破了吴国的中军主力之后，王濬率先进入建业西石头城，接受吴主孙皓投降，实现西晋统一大业。

因灭吴功勋卓著，王濬拜为辅国大将军，领步兵校尉，此后，纵情奢侈享受。太康六年十二月去世，葬于柏谷山。谥曰武侯。

无题[①]·相见时难别亦难

相见时难别亦难，东风[②]无力百花残。

春蚕到死丝方尽[③]，蜡炬[④]成灰泪始干[⑤]。

晓镜[⑥]但愁云鬓[⑦]改，夜吟应觉[⑧]月光寒[⑨]。

蓬山[⑩]此去无多路，青鸟[⑪]殷勤[⑫]为探看[⑬]。

◎注释

①无题：唐代以来，有的诗人不愿意标出能够表示主题的题目时，常用“无题”作为诗的标题。

②东风：比喻某种阻力。

③丝方尽：丝，与“思”谐音，以“丝”喻“思”，含相思之意。

④蜡炬：蜡烛。

⑤泪始干：泪，指燃烧时的蜡烛油，这里取双关义，指相思的眼泪。

⑥晓镜：早晨梳妆照镜子。镜，这里用作动词，是“照镜子”的意思。

⑦云鬓：形容女子的头发多而美，如云一般，这里比喻青春年华。

⑧应觉：设想之词。

⑨月光寒：指夜色渐深。

⑩蓬山：蓬莱山，传说中海上仙山，指仙境。

⑪青鸟：神话中为西王母传递音讯的信使。

⑫殷勤：情谊恳切深厚。

⑬探看：探望。

◎译文

想要见面时很难，分离时更加难舍难解，

东风已无力再吹，百花也纷纷开始凋谢。

春蚕只有到死的那一刻才停止向外吐丝，

蜡烛也是到燃尽的那一刻才会停止落泪。
早上照镜子时担心青丝变色，青春不再，
晚上孤独地对月吟咏时又觉得寒气袭人。
你其实就住在离我很近很近的蓬莱山上，
青鸟啊，请常来眷顾我代为探望一下吧！

◎创作背景

这首诗约创作于唐文宗大和四年（830 年）。唐时，人们崇尚道教，信奉道术。李商隐十五六岁时被家人送往玉阳山学道，其间与玉阳山灵都观女宋华阳相识相恋，但两人的感情却不能为外人明知，而作者的心内又奔涌着无法抑制的爱情狂澜，因此他只能以诗记情，并隐其题，从而使诗显得既朦胧婉曲、又深情无限。李商隐所写《无题》诗，不少是抒写他们两人间的恋情诗。此诗即其中一首。

◎赏析

这首无题诗中描写了相爱之人的心中苦恼和对爱情的忠贞不渝情感，在中国古往今来的爱情诗中，可谓绝唱。

“相见时难别亦难”，从“难”字入手，既表明对“相见”的殷切渴望，也表达出分离带来的痛楚；一句两个“难”，这是诗人真挚情感的流露，也是一个痴情男人的内心表白！短短七个字却见“愁肠百结，柔情似水”，让人不禁潸然涕流；也足见诗人当时的心境是何样的纠结！

“东风无力百花残”，这是一种无望而又无奈的心情描写，是悲观处透出的绝望，也是诗人在悲叹没有什么可以倚仗的外部力量能够帮助这对有情人见面，他们的爱情只能像花儿一样被无情的“东风”摧残。一个“无力”突显了作者的内心深处的无可奈何；一句“百花残”突显了作者心境的极度悲凉！作者以景喻人，通过对景物的描写来反映内心的真情实感，落笔处不着一句深情，却处处尽显深情，这是诗人才华横溢、诗词造诣精湛的有力表现。

“春蚕到死丝方尽，蜡炬成灰泪始干”，话锋一转，通过“春蚕”和“蜡炬”来表明自己对爱情忠贞不渝的决绝态度，也表达出一种思念永无绝期的哀恸和绝望，很符合深爱而不得的情境和诗人此时此刻的心境。“春蚕到死丝方尽”：相思之情直至生命终结的那一刻才会结束；“蜡炬成灰泪始干”：牵念之泪直至生命之蜡燃尽才会流干。这些刻骨铭心的——爱的誓言，是诗人情之深，意之切的真实写照。

“晓镜但愁云鬓改”，作者转从女性视角来写渴望青春永驻，害怕时光流逝，美貌不再，华发早生的心态。“但愁云鬓改”表达对岁月所怀有的忧虑之情。作者之所以能够站在相爱中的两个人的角度来写，是因为诗人既了解自己的心理，也懂得对方的心理，正如他另一首诗中所言“心有灵犀一点通”。

“夜吟应觉月光寒”，表达不能与相爱之人在一起时，孤零零一个人对着月光作诗吟咏，身边没人陪伴而倍感夜来寒气袭人，内心格外凄凉。“晓镜”和“夜吟”看着不相关却表明二人的相思是从朝到暮的情思，是“才下眉头，却上心头”的惦念。“月光寒”将一个人的孤单冷清和内心的凄凉描写得淋漓尽致。

“蓬山此去无多路，青鸟殷勤为探看”，诗人展开了想象的翅膀，幻想着纵使两人不能见面，但也可以让“青鸟”殷殷传递两个人的消息，以解相思之渴，进一步表达出相爱之人的思念情深。“青鸟殷勤为探看”诗人在悲观绝望之时又看到了希望，让人在千回百转后找到实现理想的路径。

全诗处处都在表达着两个心意相通之人间的浓浓思念之情，而不是单方面的思念，这种彼此间的互相思念才是真正的“两情相悦”，是一种纯粹而高尚的真挚感情。

整首诗曲折、生动，反映出诗人极为丰富而深刻的思想感情，表现出诗人丰富的文学修养，以及他对于诗歌意境美的追求和艺术表现手法的不懈探索。也奠定了诗人在中国诗歌史上的艺术地位。

◎轶闻异物录

李商隐的成长之路

——家世清贫 刻苦学习——

唐宪宗元和十一年（816 年），李商隐三岁左右，随父亲李嗣赴浙。不到十岁，父亲去世，李商隐只得随母还乡，过着艰苦清贫的生活。在家中李商隐是长子，因此也就同时背负上了撑持门户的责任。李商隐在文章中提到自己在少年时期曾“佣书贩舂”，即为别人抄书挣钱，贴补家用。李商隐“五岁诵经书，七岁弄笔砚”，回乡后曾从一位精通五经和小学的堂叔受经习文，至十六岁，便因擅长古文而得名。此外，写得一手秀丽的工楷与一手好文章。

唐文宗大和三年（829 年），李商隐移家洛阳，令狐楚欣赏李商隐的文才，对其十分器重，让李商隐与其子令狐绹等交游，亲自授以今体（骈俪）章奏之学，并“岁给资装，令随计上都”。后又聘其入幕为巡官，曾先后随往郓州、太原等地。在这几年中，李商隐一面积极应试，一面努力学文，在科举上虽一再失败，但在写作上则完成了由散向骈的转变，此后他很少再写散文。

唐文宗大和七年（833 年），令狐楚调任京职，李商隐离太原返乡。此后，李商隐曾在王屋山学道二、三年，这对其思想与创作产生了一定影响。

无题二首·昨夜星辰昨夜风

其一

昨夜星辰昨夜风，画楼①西畔桂堂东。

身无彩凤双飞翼，心有灵犀②一点通。

隔座送钩③春酒暖，分曹④射覆⑤蜡灯红。

嗟余听鼓⑥应官⑦去，走马兰台⑧类转⑨蓬。

其二

闻道阊（chāng）门⑩萼（è）绿华⑪，昔年相望抵⑫天涯。

岂知一夜秦楼⑬客，偷看吴王⑭苑内花。

◎注释

① 画楼：比喻富贵人家的屋舍。楼：一作“堂”。

② 灵犀：旧说犀牛有神异，角中有白纹如线，直通两头，用来比喻双方心灵的感应。

③ 送钩：也称藏钩，古代宴会中的一种游戏，把钩在暗中传递，让人猜在谁手中，猜不中就罚酒。

④ 分曹：分组。

⑤ 射覆：在覆器下放着东西令人猜。分曹、射覆未必是实指，只是借喻宴会时的热闹。

⑥ 鼓：指更鼓。

⑦ 应官：相当于上班。

⑧ 兰台：秘书省，掌管图书秘籍。时李商隐任秘书省正字。

⑨ 转：《全唐诗》作“断”。

⑩ 阊门：阊阖，传说中的天门。

⑪ 萼绿华：中国古代传说中道教女仙名，简称萼绿，年约二十，身穿青衣，晋穆帝时，夜降羊权家，自此每月来六次，赠羊权诗及火浣布、金玉条脱等，是一位美丽而不请自来的仙女。

⑫ 抵：至，到。一作“尚”。

⑬ 秦楼：秦穆公为其女弄玉所建之楼，又名凤楼。相传“秦穆公女弄玉，好乐。萧史善吹箫作凤鸣。秦穆公以弄玉妻之，为之作凤楼。二人吹箫，凤凰来集，后乘凤，飞升而去。”（见汉刘向《列仙传》）。

⑭ 吴王：指春秋吴国之主，也特指吴王夫差，此处借指皇宫内苑。

◎译文

其一

昨夜星光灿烂，夜半却有习习凉风；
我们酒筵设在画楼西畔、桂堂之东。
身上无彩凤的双翼，不能比翼齐飞；
内心却像灵犀一样，感情息息相通。
互相猜钩嬉戏，隔座对饮春酒暖心；
分组来行酒令，决一胜负烛光泛红。
可叹呵，听到五更鼓应该上朝点卯；
策马赶到兰台，像随风飘转的蓬蒿。

其二

当年常听到人们谈论仙女萼绿华，
但总觉得她在那遥远的海角天涯。
可到我像萧史那样参加盛宴过后，
没想到竟然可以偷窥到宫内的花。

◎创作背景

这二首无题具体创作时间待考，应是李商隐早期作品。李商隐的爱情诗以《无题》最著名，所谓“无题”诗，历来有不同看法：有人

认为应属于寓言,有人认为都是赋本事的,就李商隐的“无题”诗来看,似乎都是属于写艳情的，实有所指，只是不便说出。

◎赏析

这两首恋情诗是追忆昨夜参与的一次贵家后堂之宴，表达了与意中人席间相遇、旋成间阻的怀想和惆怅。其中第一首无题诗（“昨夜星辰昨夜风”）更是脍炙人口。

“昨夜星辰昨夜风，画楼西畔桂堂东”，由今宵之景触发对昨夜席间欢聚时光的美好回忆。诗人并未直接叙写昨夜的情事，而是借助于星辰好风、画楼桂堂等外部景物的映衬，烘托出昨夜柔美旖旎的环境气氛，语句华美流转，富于唱叹的情致，将读者带入温馨浪漫的回忆中。连续使用烘托出浓烈的情感氛围，说明“昨夜”之事，“昨夜”之情给作者留下的印象太深刻。

“身无彩凤双飞翼，心有灵犀一点通”，抒写今夕对意中人的思念。此时此刻自己虽然没有彩凤般的翅膀得以飞越重重阻碍与意中人相会，但相信彼此间的眷恋之心如灵异的犀角一样能够暗中相通。“身无”“心有”，一退一进，相互映照，是间隔中的契合与沟通，怅惘中的喜悦与慰藉，表现了诗人对这段美好情缘的珍视和自信。这两句比喻新奇贴切，剖划深刻、细致，展示了诗人抒写微妙的矛盾心理感受的高超才能。

“隔座送钩春酒暖，分曹射覆蜡灯红”，具体追忆昨夜与意中人共遇盛会的场景，诗人把晚宴席间灯红酒暖、觥筹交错、藏钩射覆、笑语喧嚣的场面描写得热烈而醉人。“春酒暖”和“蜡灯红”，不但传神地刻画出宴会间热烈融洽的欢乐气氛，也使读者联想到烛光掩映下女子的红晕面颊，彼此的目神心会已不言自明，正是酒不醉人人自醉，而诗人这时落寞抑郁的情怀自在言之外。

“嗟余听鼓应官去，走马兰台类转蓬”，诗人回忆今晨离席应差时的情景和感慨。昨夕的欢宴彻夜到晓，楼内笙歌未歇，楼外鼓声已响，诗人自叹像随风飘转的蓬草，身不由己，不得不去秘书省应差，开始了又一天寂寞无聊的校书生活，而与席上的意中人则后会难期了。

恋情阻隔的怅惘与身世沉沦的感叹交汇于诗人胸中，使此诗的内涵和意蕴得到了扩大和深化，在绮丽流动的风格中有着沉郁悲慨的自伤意味。

其二是一首七言绝句，其内容是对第一首七律的补充说明。

诗人说的是吴宫苑内花，当然不会是花园里的花卉植物，而是如花似玉的美女。“秦楼客”，用萧史典故，显言己之为爱婿身份。诗意中既有寓慨，又有艳情，但主要还是表达男女之间心心相印的恋情。

这首诗寓意明确，是说诗人自己的一段难以想象的情感经历。那位身份高贵的美丽女子与诗人原本不是同一个世界的人，但他们却在一场盛宴里相会，而且能够心心相印，身份卑微的诗人走入了她的内心，触摸她的灵魂，并最终和她一起度过那样美丽欢乐的夜晚。诗意中既有寄寓，又有艳情，但用语雅致，含蓄地表达男女间心心相印的爱恋。

这组诗在艺术上有极高的价值，尤其第一首七律，感情深挚缠绵、炼句设色、流丽圆美，营造出情采并茂、婉曲幽约的艺术境界，使诗作中的意象更加错综跳跃，又使主旨带有多义性和歧义性。表现出诗人对心灵世界开掘的深度和广度，远超前人，而李商隐在文学史上的地位，很大程度上便取决于这类无题诗所产生的巨大而持久地影响。

◎轶闻异物录

李商隐的应试之路

唐文宗开成二年（837 年），经过长期刻苦学习并由于令狐绹的延誉，李商隐得中进士。此前，他的应试之路是屡战屡败而又屡败屡战。李商隐初次应举的年份难以考证，有人相信他在十年前——即文宗大和二年（828 年）就开始了他漫长而艰苦的应举之路 。与大多数缺乏权势背景的考生一样，李商隐并不指望一举成功。他流传下来的诗文中没有提及当时的情形，这多少说明他对于初试的失败不是非常在意。然而，随着失败次数的增多，他渐渐开始不满，在《送从翁从东川弘农尚书幕》诗中，他将没有录取他的考官比喻成阻挠他成功的小人："鸾皇期一举，燕雀不相饶。"

在唐代科举中权贵们互相提携大量录取上流社会关系网中的考生是很普遍的现象，许多缺乏靠山的考生都会在考试之前就去刻意结交关系，或者想出种种办法引起考官及名流的注意。因此李商隐不会反省应举的失败是自己学识不足，因早在大和四年，曾经与他一起游学的令狐绹就考中进士。这显然不是因为令狐绹的学识才华比李商隐优秀，而是由于他父亲令狐楚的影响力。据李商隐自述，他在这方面是比较低调的（见《与陶进士书》），但如果说他不曾对令狐楚寄予希望，可能性也不大。从李商隐在开成元年写给令狐绹的一封信中"尔来足下仕益达，仆固不动"之类的话，可以看出他的情绪已经相当烦躁了。而他于开成二年的中举，也正是令狐父子对当值考官施加影响的结果。

安定[1]城楼

迢递[2]高城百尺楼，绿杨枝外[3]尽汀洲[4]。

贾生[5]年少虚垂泪[6]，王粲[7]春来更远游。

永忆[8]江湖归白发[9]，欲回天地入扁舟[10]。

不知腐鼠成滋味，猜意鹓雏[11]竟未休。

◎注释

①安定：郡名，即泾州（今甘肃省泾川县北），唐代泾原节度使的治所。一作“定安”。

②迢递：这里形容楼高而且连续绵延。谢朓《随王鼓吹曲》：“逶迤带绿水，迢递起朱楼。”

③枝外：一作“枝上”。

④汀洲：汀指水边之地，洲是水中的陆地。

⑤贾生：指西汉人贾谊。《史记·贾生传》：“贾生……年少，颇通诸子百家之书。文帝召以为博士……一岁中至太中大夫。”又《汉书·贾谊传》载：贾谊认为“时事可为痛哭者一，可为流涕者二，可为太息者六”。因此“数上书陈政事，多所欲匡建”。但文帝并未采纳他的建议。后来他呕血而亡，年仅三十三岁。李商隐此时二十七岁，以贾生自比。

⑥泪：一作“涕”。

⑦王粲：东汉末年人，建安七子之一。《三国志·魏书·王粲传》载：王粲年轻时曾流寓荆州，依附刘表，但并不得志。他曾于春日作《登楼赋》，其中有句：“虽信美而非吾土兮，曾何足以少留？”李商隐借此以寄人篱下的王粲自比。

⑧永忆：时常向往。

⑨江湖归白发：年老时归隐。

⑩ 欲回天地入扁舟:《史记·货殖列传》:春秋时范蠡辅佐越王勾践灭吴后，乘扁舟归隐五湖。李商隐用此事说自己总想着年老时归隐江湖，但必须等到把治理国家的事业完成、功成名就之后才行。

⑪ 鹓雏：古代传说中一种像凤凰的鸟。《庄子·秋水》:“惠子相梁，庄子往见之。或谓惠子曰：‘庄子来，欲代子相。’于是惠子恐，搜于国中三日三夜。庄子往见之，曰：‘南方有鸟，其名为鹓雏。……发于南海而飞于北海，非梧桐不止，非练实不食，非醴泉不饮。于是鸱得腐鼠，鹓雏过之，仰而视之曰：吓！今子欲以子之梁国而吓我邪？’”诗中李商隐是以庄子和鹓雏自比，说自己有高远的心志，并非汲汲于官位利禄之辈，但谗佞之徒却以小人之心度之。鹓:《全唐诗》作“鸳”。

◎译文

高大城墙上有百尺高的城楼，
在绿杨林之外是水中的沙洲。
年少有为的贾谊徒然地流泪，
春日登楼的王粲再度去远游。
时常向往老年自在归隐江湖，
要想在扭转乾坤后江湖泛舟。
竟不知腐臭的死鼠成了美味，
还对鹓雏的爱好也猜忌不休。

◎创作背景

唐文宗大和九年（835 年），王茂元拜泾原节度使。开成三年（838 年），李商隐考中进士以后，便到王茂元幕下当了一名幕僚，并且娶了王茂元的女儿。在中晚唐历史上持续达数十年之久的“牛李党争”中，李商隐曾经得到作为牛党重要人物的令狐楚父子的帮助，而王茂元偏偏是李党人物。因此，这一年李商隐继进士及第后参加吏部博学宏词科考试时，便受到朋党势力排斥，不幸落选，失意后再回到泾源，正是春风吹柳、杨柳婆娑季节，诗人登上泾源古城头的安定城楼，纵目远眺，看到朝政的混乱、腐败势力的横行、有理想和有才干的人抱负无从施展，心中不禁生起哀国忧时和自伤身世的无穷感触，写下这首七律遣怀。

◎赏析

这首诗通过用典表达作者淡泊名利、志怀高远的抱负和理想。

“迢递高城百尺楼，绿杨枝外尽汀洲”，作者起笔高调：登上高耸百尺的安定城楼，远处绿杨树边的洲渚尽收眼底。登最高之楼；望最远之处，高瞻远瞩，气象万千。

“贾生年少虚垂泪，王粲春来更远游”，由于贾谊、王粲的身世遭遇与作者有相似之处，李商隐便以“贾生”“垂泪”“王粲”“远游”来比拟自己的忧时羁旅之感。从而使一位奋发有为又饱受压抑的少年志士形象跃然纸上。

“永忆江湖归白发，欲回天地入扁舟”，作者虽然遭遇困顿，但他的凌云之志没有减损。“永忆江湖”，言明淡泊名利之心；“欲回天地”，表达强烈的建立功业之志。两者似相反，实相成。因为如果没有“永忆江湖”的志趣，就成为争名逐利的俗宦，就不会有回归天地的宏愿。一个“永”字有力地表达作者毕生的抱负，反映出封建社会里一个仁人志士积极向上的思想。

“不知腐鼠成滋味，猜意鹓雏竟未休”，这两句借庄子寓言表示自己鄙视功名利禄，正告他人不要妄加猜测，既阐明自己没有患得患失的私心杂念，胸怀光明磊落，淡泊宁静；又表示对世间一切恶浊事物，睥睨蔑视，决不妥协与容忍；还尖锐地批判那些捧住权位不放的禄蠹，又反映他睥睨一切的精神状态和人生姿态。

整首诗笔力健举，风骨清俊，结构严谨，语句灵活变化，在用典方面既灵活，又确切，既含蓄，又锐利，充分发挥了典故的功能，是用典非常成功的范例。

◎轶闻异物录

建安七子

建安七子，是汉献帝建安年间（196—220）七位文学家的合称，包括孔融、陈琳、王粲、徐干、阮瑀、应玚、刘桢。这七人大体上代表了建安时期除曹氏父子（即曹操、曹丕、曹植）外的优秀作者，由于他们对于诗、赋、散文的发展都曾作出过贡献，所以“七子”之说得到后世的普遍承认。

“七子”之称，始于曹丕所著《典论·论文》:“今之文人，鲁国孔融文举，广陵陈琳孔璋，山阳王粲仲宣，北海徐干伟长，陈留阮瑀元瑜，汝南应玚德琏，东平刘桢公干。斯七子者，于学无所遗，于辞无所假，咸以自骋骥騄千千里，仰齐足而并驰。”“七子”中除了孔融与曹操政见不合外，其余六家虽然各自经历不同，但都亲身受过汉末离乱之苦，后来投奔曹操，地位发生了变化，获得了安定、富贵的生活。他们多视曹操为知己，想依赖于他干一番事业。故而他们的诗与曹氏父子有许多共同之处。因建安七子曾同居魏都邺（今河北临漳县西）中，又号“邺中七子”。

建安七子与“三曹”往往被视作汉末三国时期文学成就的代表。

无题·八岁偷[①]照镜

八岁偷照镜，长眉[②]已能画。

十岁去踏青[③]，芙蓉[④]作裙衩[⑤]。

十二学弹筝[⑥]（zhēng），银甲[⑦]不曾卸。

十四藏六亲[⑧]，悬知[⑨]犹未嫁。

十五泣春风[⑩]，背面[⑪]秋千下[⑫]。

◎注释

① 偷：指羞涩，怕人看见。

② 长眉：古以纤长之眉为美。《古今注》："魏宫人好画长眉。"

③ 踏青：春日郊游，一般指初春时到郊外散步游玩。

④ 芙蓉：荷花。

⑤ 裙衩：下端开口的衣裙。

⑥ 筝：乐器，十三弦。

⑦ 银甲：银制假指甲，弹筝用具。

⑧ 六亲：本指最亲密的亲属，这里指男性亲属。

⑨ 悬知：猜想。

⑩ 泣春风：在春风中哭泣，怕春天的消逝。

⑪ 背面：背着女伴。面：一作"立"。

⑫ 秋千下：女伴在高兴地打秋千。

◎译文

八岁时就喜欢偷偷地照镜子，
已能把自己眉毛画成长眉了。
十岁的时候到野外去踏青时，
能想象着荷花做自己的衣裙。

十二岁的时候开始学习弹筝，
手指上的银甲一直不脱下来。
十四岁连最亲的男士都不见。
这时她已在猜想何时出嫁吧。
十五岁已成为多愁善感的人，
背对着秋千哭泣怕春光逝去。

◎创作背景

韦然超认为这首诗是诗人在十六岁唐文宗大和三年（829 年）时因初恋对象父母不同意他们这段婚姻而写，因不能明题，故称“无题”。且其后众多“无题”诗中有相当数量都是在写他这段无果的初恋。但也有专家认为此诗是作者自喻少年才高，渴望参与社会政治生活，却又忧虑前途时所写，证据是诗人在《樊南甲集序》中曾自称：“樊南生十六能著《才论》《圣论》，以古文出诸公间。”

◎赏析

这首诗借少女怀春之幽怨，喻少年怀才不遇的苦闷。

“八岁偷照镜，长眉已能画。十岁去踏青，芙蓉作裙衩”，少女八岁就有爱美之心，就能为自己画出漂亮的长眉。十岁时就有了高洁的情操，郊外春游，就知道把自己的“裙衩”缝缀成荷花状，走起路来婀娜多姿。作者化用屈原《离骚》句：“制芰荷以为衣兮，集芙蓉以为裳。”既是说少女自幼就钟爱荷花，心性高洁，同时也暗喻自己有和屈原一样的高洁情操。

“十二学弹筝，银甲不曾卸。十四藏六亲，悬知犹未嫁”，十二岁刻苦学艺，弹奏秦筝，所用的银爪从不曾取下。十四岁怀春羞涩，藏于深阁，回避关系最亲的男性戚属。“悬知”，表现了女子半是希望半是担忧的待嫁心理。然而，对于这几句，我们也可以理解为诗人自幼就刻苦用功学习诗词史典，为的就是有朝一日能够出仕报效国家。“十二学弹筝”暗喻诗人十二岁就开始学习治国理政的知识。“银甲不曾卸”暗喻诗人苦读的时候，书不离手、寝不解衣。“十四藏六亲”暗喻诗人为了静心学习，十四岁时就自觉闭门苦读，不与亲友往来而浪费学习时间。“悬知犹未嫁”暗指诗人现在已经学富五车，但因不知道自己能否被当政者启用而内心忐忑不安。

“十五泣春风，背面秋千下”，虽然诗人没有明说少女为何“泣春风”，但从诗中描述来看，诗中姑娘或许是诗人初恋对象，因为只有青梅竹马的异性，才可能有如此近距离地观察。可惜由于父母反对，未能如其愿，姑娘在“泣春风”，诗人也在叹息。“十五泣春风”写出诗人与姑娘的这段恋爱没有结果，从此要劳燕分飞，天各一方了。“背面秋千下”，形象地描写出少女恋爱受阻后的痛苦心情。同时，这两句也可以理解为诗人对自己有志不能伸的苦闷烦忧。

由于这首诗的题目是“无题”，所以，引起许多学者的争议，一种观点是李商隐写自己初恋女孩，从小聪明灵慧，化妆、女红、琴棋样样都很出色；另一种观点是李商隐借写闺怨而抒发自己少年怀志的苦闷。笔者认为，二者兼有，但是，更倾向于诗人在写自己志不能伸的苦闷。因为，假如诗人就是感怀自己的初恋不能得到家长的应允而怨怼的话，他完全可以为这首诗起一个适合的题目，不必用“无题”。既然诗的内容在字面上都明摆着在写少女，题目也不必藏着掖着。正是由于诗人想要表达的不是字面上的意思，但又无法开口说自己如何从小立志发奋学习，现在学有所成却无人赏识，所以诗人才用“无题”。如果我们结合诗人的身世、人生经历等来理解这首“无题”，也就不难理解这首诗的真正含义了，毕竟诗人在写这首诗的时候正好十六岁。

牛李党争

“牛李党争”是唐朝后期统治集团内部争权夺利的宗派斗争，也称“朋党之争”。“牛党”指以牛僧孺、李宗闵为首的官僚集团；“李党”指以李德裕为首的官僚集团。牛党多是科举出身，属庶族地主，门第卑微，靠寒窗苦读考取进士，获得官职。李党多出身于世家大族，门第显赫，往往依靠父祖辈的高官地位而入官场，称为“门荫”出身，也就是现在人们口中的“太子党”。

表面上，牛李党争似乎是庶族官僚与士族官僚之间的权力斗争，实际上两党在政治上也有深刻的分歧。分歧焦点主要在：一是通过什么途径来选拔官僚。牛党因多科举出身，故主张通过科举取士；李党多门荫出身，故而主张门荫入仕。二是如何对待藩镇。李党主张对不听朝廷命令的藩镇用兵，以加强唐朝中央的地位；牛党则主张姑息迁就。

两党除了政治上的分歧外，还牵扯进个人恩怨。两党在具体问题上各有是非，牛僧孺、李宗闵因评论时政，得罪了宰相李吉甫，曾遭贬斥，而李德裕是李吉甫的儿子，因此双方结怨甚深，一旦大权在握，就排挤打击对方。唐穆宗长庆年间（821—824）牛僧孺做宰相时，就把李德裕排挤出朝廷。李德裕任四川节度使时，接受吐蕃将领的投降，收复了重镇维州。牛僧孺却意气用事，强令把降将和城池交还吐蕃。而唐武宗时（841—846），李德裕做宰相，又把牛僧孺、李宗闵放逐到南方。唐武宗死后，宣宗即位，牛党成员白敏中任宰相，牛党又纷纷被重新起用，李党全遭罢斥。李德裕被赶到遥远的崖州，不久忧郁而死。

这场统治阶级内部的宗派斗争，加深了唐朝后期的统治危机。而李商隐就是夹在“牛李党争”中的一个牺牲品。

蝉

本以[①]高难饱[②]，徒劳恨费声[③]。

五更疏欲断，一树碧无情。

薄宦[④]梗犹泛[⑤]，故园芜已平。

烦君[⑥]最相警[⑦]，我亦举家清。

◎注释

①以：因。

②高难饱：古人误以为蝉餐风饮露，所以说“高难饱”。

③费声：指鸣声频频。

④薄宦：小官。

⑤梗犹泛：意指自己像大水中四处漂流的桃梗。

⑥君：指蝉。

⑦警：警醒，这里有触动的意思。

◎译文

你栖身高枝上自是难以果腹，
悲鸣传恨无人理会白费其声。
五更过后疏落之声几近断绝，
满树绿叶依然如故毫不为动。
我官职卑下像桃梗漂流不定，
故乡的田园早已经杂草丛生。
烦劳你的鸣叫给我敲响警钟，
记住自己家贫如洗水一样清。

◎创作背景

李商隐虽然中了进士，但因卷入“牛李党争”的政治漩涡而备受排挤，一生困顿不得志，平生曾两度入官秘书省，但处境每况愈下，该诗就是表达他仕途不顺却坚守清高的志向，具体创作年份待考。

◎赏析

这首五律从描写蝉的境遇跳到写自身遭遇，直抒胸臆，表达了诗人虽仕途不顺，却坚守清高之志的品格。

“本以高难饱，徒劳恨费声”，生物学上来说，蝉并非因身在高处，不肯飞下来乞食而“难饱”；它的鸣叫声中也无恨意，诗中这样写纯粹是诗人自己的感受，是对其身世的感叹。“高”语义双关，暗喻诗人自己品格高洁。

“五更疏欲断，一树碧无情”，蝉声与树木的碧绿本来是毫不相干的，诗人却责怪树木的冷酷无情。这同样是诗人在借人格化的“蝉”来寄托自己的身世遭遇，抒写自己的哀告无门、受人冷落，也反映出诗人自许清高，不肯屈就，结果只落得生活困顿的下场。

“薄宦梗犹泛，故园芜已平”，诗人抛开咏蝉，转到自己身上，透露出诗人的失意与苍凉。这里诗人用了一个典故:《战国策·齐策》里有一则故事，桃偶讥笑泥人:“你是用泥土做成的人形，一到发洪水的时候，你就完了。”泥人说:“我是西岸土做的人，洪水来了，尽管我会没了人形，但我还可以被冲回西岸家乡去。而你呢，你是东国桃木做成的人，洪水一来，你还不知道漂泊到哪里去呢？”

“故园芜已平”化用陶渊明《归去来辞》“田园将芜胡不归”。诗人借陶渊明做官不如意时，想到家乡的田地快要荒芜了，于是辞官而去,归隐田园。诗人联想到自己与陶公相似,仕途坎坷,

处处碰壁，何不也像陶渊明那样早日还乡呢？可是，故园荒芜，似乎已经没有自己的立身之地，进退两难！

“烦君最相警，我亦举家清”，这两句是作者对蝉说的话，用“君”与“我”对举，把咏物和抒情结合起来，首尾呼应。

全诗以蝉起，以蝉结，章法紧密，首尾圆融，意脉连贯，是托物咏怀诗作中的范例之作。

◎轶闻异物录

李商隐遭冷遇而题诗

五代文人孙光宪所撰《北梦琐言》中记载：在令狐楚去世后多年的某个重阳节，李商隐拜访令狐绹，恰好令狐绹不在家。在此之前，李商隐已曾经多次向身居高位的令狐绹陈诉旧情，希望得到提携，都遭到对方的冷遇。感慨之余，就题了一首诗在令狐绹家的厅里：“曾共山翁把酒时，霜天白菊绕阶墀。十年泉下无消息，九日樽前有所思。不学汉臣栽苜蓿，空教楚客咏江蓠。郎君官贵施行马，东阁无因再得窥。”委婉地讽刺令狐绹忘记旧日的友情。

令狐绹回来看到这首诗，既惭愧又惆怅，于是令人将这间厅锁起来，终生不开。又有人说，这首诗使令狐绹恼羞成怒，很想铲除题诗的墙壁，但因诗中有其父亲的名字“楚”，按当时习俗，他无法毁掉诗作，就只好锁上门不看。

嫦　娥

云母屏风[1]烛影深[2]，长河[3]渐落晓星沉。

嫦娥[4]应悔偷灵药，碧海青天[5]夜夜心[6]。

◎注释

①云母屏风：嵌着云母石的屏风。

②深：暗。

③长河：银河。

④嫦娥：古代神话中的月中仙女，传说是今江苏人。

⑤碧海青天：指嫦娥的枯燥生活，只能见到碧色的海和深蓝色的天。

⑥夜夜心：指嫦娥每晚都会感到孤单。

◎译文

云母屏风染上一层浓浓的烛影，

银河逐渐斜落启明星也已下沉。

嫦娥想必悔恨当初偷吃不死药，

如今只见碧海青天而夜夜伤心。

◎创作背景

李商隐生于唐宪宗元和八年（813年），而“牛李党争”从唐宪宗时期（805年）开始，到唐宣宗时期（846年）才结束，持续将近四十年，可以说作者终身处于“牛李党争”的夹缝中，郁郁不得志。而诗词的创作永远离不开作者本人所处的政治、经济等生活背景，故诗人写下许多感怀身世类的诗。这首诗创作年代待考。

◎赏析

这首诗借咏叹嫦娥在月中的孤寂情景，抒发诗人自伤之情。

“云母屏风烛影深，长河渐落晓星沉”，描绘诗中主人公孤寂的生活环境和永夜无眠情景，透露出自己对失落感情的悔恨。“云母”“烛影深”让人觉得屏风后面的屋子很幽深，烘托诗人所描绘情境的意境。“沉”字形象地描绘出晨星低垂、欲落未落的动态，暗喻主人公的心似乎也在逐渐沉下去。“烛影深”“长河落”“晓星沉”表明时间已到将晓未晓之际。一个“渐”字，暗示了时间的推移流逝。孤寂中的主人公，面对冷屏残烛、青天孤月，又度过一个不眠之夜。这里诗人没有直接抒写主人公的心理，但借助于环境氛围的渲染，使主人公孤清凄冷的情怀和不堪忍受寂寞包围的意绪都表达得淋漓尽致，几乎触手可及。

“嫦娥应悔偷灵药，碧海青天夜夜心”，在孤寂的主人公眼里,孤居广寒宫中寂寞无伴的嫦娥,其处境和心情正和自己相似，于是揣度：嫦娥想必也懊悔当初偷吃了不死药，以致年年夜夜，幽居月宫，面对碧海青天，寂寥清冷之情难以排遣吧。“应悔”表现出一种同病相怜的情感，与其说是对嫦娥处境的深切同情，不如说是主人公寂寞心灵的独白。诗人用精微而富含意蕴的语言成功地表现出一种浓重的伤感美，李商隐诗的经典意义也体现在这里。

全诗情调感伤，意蕴丰富，奇思妙想，真实动人，把诗人对于自身所处环境的感受形象地概括出来，可谓是作者的精神写照。

◎轶闻异物录

嫦　娥

嫦娥又叫姮娥，是后羿的妻子，她原本是天上的女神，和月亮女神常羲在传说上有些关系。嫦娥的丈夫名叫后羿，是一位英勇且善于射箭的天神。

传说在唐尧时代，天空中一度出现了十个太阳，大地就承受不住十个太阳的炎热烘烤，植物枯死、野兽四窜、人民或热死饿死或被野兽吃掉。为帮助人民重新过上安稳的生活，天神后羿连射掉九个太阳，天空只剩下一个太阳了，百姓呐喊欢呼，没想到天帝对后羿射杀了他九个儿子很生气，于是革除了后羿的神籍，连带嫦娥也受到处分，让二人一起住到凡间。

西王母对为人民除大害而被开除神籍的英雄——后羿的遭遇十分同情，便送后羿一副长生不死的药，并告诉后羿：这些药如果夫妻二人分着吃，便可以长生不死，如果一个全部吃掉可以升天成神，并嘱咐后羿好好收藏，因为除此之外，再也没有长生不死的药了。

后羿高兴地把药带回家交给妻子嫦娥保管，同时把西王母的话也告诉了嫦娥。后羿准备选一个日子，夫妻俩一起吃药，一起在凡间过着长生不老的恩爱生活，但自私的嫦娥却想：自己本来就是天上的仙女，因受丈夫连累才留在凡间，于是她趁后羿出门的时候，一个人偷偷地把药全部吃了，飞到月宫去了。

后羿回家后，发现地上有个空瓶子而嫦娥不见了，他明白妻子弃他而去了。他很伤心，也很生气，从此后羿变得暴躁易怒，后被家臣逢蒙设计杀害。

后羿死后，人民为了纪念他的功德，奉他作完布神，供奉在家中诛邪除怪，而升上月宫的嫦娥，从此一个人过着孤独寂寞的日子。

李商隐在诗里写“嫦娥应悔偷灵药，碧海青天夜夜心”，给这段美丽而苍凉的神话传说增添了新的韵味。

宿骆氏亭寄怀崔雍崔衮[①]

竹坞[②]无尘水槛[③]（jiàn）清，相思迢递[④]隔重城[⑤]。

秋阴不散霜飞晚，留得枯荷听雨声。

◎注释

① 崔雍、崔衮：崔戎的儿子，李商隐的从表兄弟。

② 竹坞：丛竹掩映的池边高地。

③ 水槛：指临水有栏杆的亭榭，此指骆氏亭。

④ 迢递：遥远的样子。

⑤ 重城：一道道城关。

◎译文

竹丛里船坞深静无尘，临水的亭榭分外幽清。
相思之情已飞向远方，可却隔着重重的高城。
秋空上阴云连日不散，霜飞的日子翩翩来迟。
留得满地枯残的荷叶，静听深夜萧瑟的雨声。

◎创作背景

这首诗当作于唐文宗大和八年（834年）。当时李商隐离开崔家，旅宿在骆姓人家的园亭里，寂寥中怀念起崔雍、崔衮两位表兄而写下这首很有情韵的小诗。

唐文宗大和七年（833年），李商隐应试不中，投奔时任华州刺史的表叔崔戎。第二年，崔戎调任兖州观察使，没想刚到兖州就病故了。崔戎对李商隐不仅有亲戚之情，还有知遇之恩。崔戎的两个儿子崔雍、崔衮和李商隐也是情谊深厚。

◎赏析

这首诗抒写对朋友的思念，也寄予了自己的身世零落之感。

“竹坞无尘水槛清”，写骆氏亭，翠竹、清水把这座亭轩映衬得格外清幽雅洁，诗人置身其间，颇有远离尘嚣之感。

“相思迢递隔重城”，写诗人对友人的思念。诗人因境界的清幽而倍感孤寂，因无好友共赏幽胜而感惆怅。“隔重城”诗人感叹眼下所宿的骆氏亭和崔氏兄弟所在的长安，中间隔着重重的城池，路途迢迢。“相思迢递”诗人的思念之情宛如随风飘荡的游丝，悠悠然飘向友人所在的长安。

“秋阴不散霜飞晚”，又回到眼前景物：时已深秋，但连日天气阴霾，孕育着雨意，所以霜也下得晚了。“秋阴不散”渲染气氛，烘托情绪：天色一片迷蒙，使本来就因相思而不悦的心情更加黯淡，而这种心情又反过来更增加了相思的程度。“霜飞晚”为末句作铺垫，与“留得枯荷”相唱和。

“留得枯荷听雨声”，是全篇的点睛之笔。诗人聆听雨打枯荷的声音，意外发现这萧瑟的声韵竟别有一番美的意趣。“留”蕴涵有一种不期而遇的喜悦。而诗人“听”到的，也不只是那凄楚的雨声。枯荷秋雨的清韵，常人难解其中滋味。这单调而凄清的声音却又更增加了环境的寂寥，从而更加深了对朋友的思念。

全诗以景寄情、寓情于景，诗的意境清秀疏朗，但蕴涵其中的心境颇为深远，显现出诗人高超的艺术创作技巧。

◎轶闻异物录

崔 戎

李商隐表叔崔戎（780—834），字可大，安平县人，出生于官僚地主家庭。高伯祖父崔玄，曾位居宰相。祖父崔婴，任郢州刺史。父亲崔贞固，任太原榆次尉。

崔戎自幼受家人熏陶，学习极为刻苦，后经科考试取得成功，开始做太子校书郎，后担任兰田主簿。因智慧超群、才能出众，受宪宗称赞，因而名声在朝廷内外远扬，许多官僚都请他去做幕僚。先是在淮南节度使李琦府内供职，受到重用，后裴度在太原任节度使，又特聘他为参谋。

唐代后期，中央集权制受到破坏，藩镇割据，诸侯称雄，一些地方势力互相勾结,联合反叛朝廷,当时盘踞镇州的王承宗起兵反抗朝廷,裴度派崔戎前去宣告上级的指令。崔戎单车前往，毫无惧色。见面后崔戎对王承宗晓之以理、动之以情，规劝他归顺朝廷。由于崔戎理正词严，侃侃而谈，说得王承宗心神感动，泣不成声，于是肃然受教听命，率领部下即刻归服。崔戎没有辜负裴度的重托，凭三寸不烂舌力挫千军万马之锐，一场战乱宣告平息。

崔戎后担任过谏议大夫等职，通过采取切实而有力的措施改革赋税制度，减轻人民负担，从而使当地的社会矛盾得以缓和，社会秩序趋于稳定。

崔戎在任时保持着廉洁奉公、勤政爱民的作风，把专门留给刺史个人私用的一万缗钱分文不动，一直保存到离任，并嘱咐官吏们把这笔钱登记好数目放置起来，将来以备军用。并说："我这样做，也是为了矫正现在官场中的不良风气，激励后人清廉为官。"

唐文宗大和八年（834 年）崔戎病死于任所，享年五十五岁。

晚　晴

深居俯夹城[①]，春去夏犹清。

天意怜幽草[②]，人间重晚晴。

并[③]添高阁[④]迥[⑤]，微注[⑥]小窗明。

越鸟[⑦]巢干后，归飞体更轻。

◎注释

① 夹城：指建造在城门外的曲城。

② 幽草：幽暗地方的小草。

③ 并：更。

④ 高阁：指诗人居处的楼阁。

⑤ 迥：高远。

⑥ 微注：晚景斜晖，光线显得微弱柔和。

⑦ 越鸟：南方的鸟。

◎译文

一个人深居简出过着清幽的日子，
俯瞰夹城，春光已去，夏日清朗。
弱小的青草终于得到了上天怜爱，
人世间最宝贵的莫过于晚年情谊。
登上高阁，凭栏远眺，天高地迥，
夕阳淡淡余晖照进窗棂格外惬意。
雨后的南方鸟儿在巢中抖干羽毛，
它们又能体态轻盈地翱翔于天空。

◎创作背景

李商隐自唐文宗开成三年（838 年）入赘泾原节度使王茂元家后，便陷入党争的狭缝，遭到“牛党”的忌恨与排挤。宣宗继位，“牛党”把持朝政，李商隐只得离开长安，跟随郑亚到桂林当幕僚。郑亚对他比较信任，使李商隐感受到一些人情温暖；同时离开长安这个党争的漩涡，李商隐暂时免遭“牛党”的白眼，精神上也是一种解脱。在此背景下写成这首诗。

◎赏析

这首诗描绘雨后晚晴时明净清新的意境和生机盎然的景象，表达出诗人欣慰喜悦的感受和明朗乐观的襟怀，反映了诗人在桂幕初期的情绪心态。

“深居俯夹城，春去夏犹清”，诗人从“时间”和“地点”两个方面把诗题一体化，说自己居处幽僻，俯临夹城，又正值初夏，而初夏凭高览眺所见的晚晴“犹清”。

“天意怜幽草，人间重晚晴”，诗人触景生情但不泛泛写晚晴景象，也不作琐细刻画，而是选取生长在幽暗处且不被人们注意的小草进行描绘，并进而写出他对晚晴别有的感受。“幽草”是诗人展开联想把自然事物人格化，托物寓情，暗喻诗人有着小草一样的身世。“重”字说明当时诗人在郑亚处做幕僚时得到了郑的赏识，也获得了应有的关照，心情愉快。从“重晚晴”可以体味到诗人分外珍重这份美好的感情。这两句历来被人传诵。

“并添高阁迥，微注小窗明”，通过对晚景的具体描绘，表达了自己明快而欣喜的心境，把“重”字具体化了。“并添高阁迥”从侧面写晚晴，写景角度由内及外。“微注小窗明”由外及内再正面写夕阳的余晖流注在小窗上，带来了一线光明。尽管是“微注”，但这一脉斜晖还是给诗人带来了无限喜悦和安慰。

“越鸟巢干后，归飞体更轻”，写飞鸟归巢，体态轻捷，仍是登高览眺所见。如果说“幽草”是诗人“沦贱艰虞”身世的象征，那么，“越鸟”似乎是眼前托身有所、精神振作的诗人的化身。“巢干”“体轻”切“晴”“归飞”切“晚”，足见诗人用词工仗。

这首诗写法更接近“兴”，诗人也许本无托物喻志的意图，只是在登高览眺之际而触发联想，从而将一刹那间别有会心的感受融化在对晚晴景物的描写中，所以显得特别自然，显示出诗人在思想境界和艺术功力上的成熟。

◎轶闻异物录

夹　城

夹城犹如夹寨（隔河相对、互为犄角的营寨），用以加固城防。《新五代史·唐太祖家人传·唐神闵敬皇后刘氏》：“庄宗攻梁军于夹城。”这是对夹城最简单地描述。实际上夹城有着最基本的两个含义或用途。

一、两边筑有高墙的通道

《旧唐书·玄宗纪上》：“（开元二十年六月）遣范安及于长安广万花楼，筑夹城至芙蓉园。”清·洪升《长生殿·雨梦》：“喜听说如花貌犹兀自现在人间，当面堪邀；忙教潜出了御苑内夹城复道。”

二、两城之间夹筑的具有联通、防御功能的城池

比如五代十国时，闽国古城。后梁开平二年（908年），闽王王审知筑南北夹城，谓之月城，把罗城夹在中间，也是砖城。南夹城将东南向的九仙山（于山）、西南向的乌石山（乌山）围入城内。设有二座大门，南为登庸门（今南门兜），后改为闽光门、宁越门；东南为道清门（今水部闽埕街南端），后改为美化门。北夹城跨越王山（屏山）而建，城池设有二座大门，北为严胜门（今屏山东麓，后废）；西北叫道泰门（今北门三角井之北），北宋改为遗爱门，并增设井楼门（今井大路七穿井附近）、迎仙门（今西门兜）两座城门。南北夹城建成后，包括罗城在内略呈圆形，故黄滔《万岁寺》诗云：“新城似月圆”。三山鼎峙城中，福州别称“三山”。

牡丹

锦帏（wéi）初卷卫夫人①，绣被②犹堆越鄂君。

垂手乱翻③雕玉佩，招腰争舞④郁金裙⑤。

石家⑥蜡烛何曾剪，荀令⑦香炉可待熏。

我是⑧梦中传彩笔，欲书花叶⑨寄朝云⑩。

◎注释

①锦帏初卷卫夫人：《全唐诗》此句下有注："原注：《典略》云：夫子见南子在锦帏中。"锦帏：锦帐。南朝梁简文帝《书案铭》："厕质锦帷，承芳绮缛。"

②绣被：诗中是借用鄂君举绣被拥越人的典故。据《说苑·善说篇》记载，鄂君子皙泛舟河中，划桨的越人唱歌表示对鄂君的爱戴，鄂君为歌所动，扬起长袖，举绣被覆之。

③垂手乱翻：据《乐府解题》记载"大垂手言舞而垂其手，又有小垂手及独垂手。"《乐府杂录》："大垂手、小垂手的舞姿或如惊鸿，或如飞燕。故舞时玉佩乱翻。"

④招腰争舞：一作"细腰频换"。《西京杂记》记载：戚夫人善为翘袖折腰之舞。招：另作"折"。

⑤郁金裙：用郁金草染色的裙。

⑥石家：状牡丹之色如燃烧的大片烛焰。《世说新语·汰侈》载，石崇豪侈，"用蜡烛作炊"。

⑦荀令：荀令即荀彧，字文若，为侍中，曾守尚书令，曹操所有军政之事均与他协商，呼之荀令君。

⑧我是：自诩有才。《南史·江淹传》载："江淹尝宿于冶亭，梦一丈夫自称郭璞，谓淹曰：'吾有笔在卿处多年，可以见还。'淹乃探

怀中得五色笔一以授之，尔后为诗，绝无美句。时人谓之才尽。”

⑨叶：一作“片”。

⑩朝云：指巫山神女。战国时楚怀王游高唐，昼梦幸巫山之女。后好事者为立庙，号曰“朝云”。唐元稹《白衣裳》诗：“闲倚屏风笑周昉，枉抛心力画朝云。”

◎译文

织锦的帘帐刚刚卷起，是美艳的卫夫人；
丝绣的被褥还堆拥着，是俊秀的越鄂君。
既像在垂手而舞，雕玉佩饰零乱地翻动；
又像在弯腰而舞，郁金色裙子争相回旋。
像是石崇家的蜡烛，哪用常把烛芯剪去？
像是荀令君的体肤，岂须香炉细细染熏？
我是诗人江淹，在梦中得到仙人的彩笔，
想把美妙的诗句题写在花叶上寄给朝云。

◎创作背景

据冯浩注，这首诗当在唐文宗大和五六年（831—832）时作。大和三年（829年）年底，李商隐十七岁时，天平军节度使令狐楚因他以古文著名，聘他到幕府去做巡官，教他作当时流行的四六文。写这首诗时，他有事到长安，到了令狐楚在长安的家里，看到牡丹开放，就写了这首诗。当时令狐楚还在外做节度使，没有回京做官，所以他在诗的结尾说了希望他回京的话。“朝云”是神女，是美人，这里是用美人来指男子。

◎赏析

这首诗借咏牡丹抒发诗人对意中人的爱慕、相思之情，并暗示这位意中人如花似玉。

“锦帏初卷卫夫人”，借用《典略》中典故以锦帷乍卷、容颜初露的卫夫人的含羞娇艳来形容牡丹初放时的艳丽夺目。

“绣被犹堆越鄂君”，用《说苑》典故，原典是鄂君举绣被拥越人，此谓“绣被犹堆越鄂君”，清人马位《秋窗随笔》及桂馥《札朴》均已指出其为误用（桂谓当为“楚鄂君”）。诗人将牡丹的绿叶想象成鄂君的绣被，将牡丹花想象成绣被覆盖的越人，传神地描绘出初开的牡丹花在绿叶的簇拥中鲜艳的风采。“犹堆”二字刻画出牡丹花苞初盛时绿叶紧包的形状，与“初卷”相呼应。

“垂手乱翻雕玉佩，招腰争舞郁金裙”，展示牡丹随风摇曳时的绰约风姿。这两句以舞者翩翩起舞时垂手折腰，佩饰翻动，长裙飘扬的轻盈姿态来比喻牡丹花叶在迎风起舞时起伏翻卷，摇曳多姿的形象。“垂手”“折腰”都是舞名，也指舞姿。

“石家蜡烛何曾剪，荀令香炉可待熏”，具体地描写了牡丹的色香。诗人借西晋石崇家燃烛、荀令香炉熏香的典故来描写牡丹花叶风姿绰约、艳丽色彩和馥郁芬芳。

“我是梦中传彩笔，欲书花叶寄朝云”，写诗人陶醉于国色天香，恍惚梦见了巫山神女，盼望她传授一支生花彩笔，将思慕之情题写在这花叶上，寄给巫山神女。“梦中传彩笔”，典出《南史·江淹传》，这里反其意而用之，表明诗人心摇神荡的兴奋激动之情。

这首诗构思巧妙，借物比人，又以人拟物，明写牡丹花叶的艳丽和馥郁的香味，暗颂佳人，一实一虚、别具一格，令人回味无穷。

南　子

南子（？—前 479？），春秋时期女政治家，河南商丘人。南子原是宋国公主，后嫁卫灵公为夫人。南子生性淫乱，与宋国公子朝私通。卫灵公不加阻止，反而纵容南子，召公子朝与其在洮地相会。卫灵公的太子蒯聩知道南子私通之事后，非常愤怒，便和家臣戏阳速商量，在朝见南子时趁机刺杀她。结果戏阳速反悔没有行动，被南子察觉，蒯聩逃亡宋国，卫灵公将蒯聩党羽全部赶走。

孔子周游列国时，曾访问卫国，南子与孔子隔帐见面。南子叩头还礼时，身上佩饰发出清脆响声，孔子学生子路对此颇为不满。后来孔子认为卫灵公不是爱好德行如爱好美色一样，于是便离开了卫国。

公元前 493 年，卫灵公去世，南子遵照卫灵公意愿，想立公子郢继位，公子郢推辞，于是改立蒯聩之子辄继位，是为卫出公。公元前 480 年，蒯聩夺取卫国国君之位，是为卫庄公。《列女传》称南子随后被庄公杀死。

咏　史

历览前贤[①]国与家，成由勤俭破由奢[②]。

何须琥珀[③]方为枕，岂得真珠[④]始是车。

运去不逢青海马[⑤]，力穷难拔蜀山蛇[⑥]。

几人曾预南薰曲[⑦]，终古苍梧[⑧]哭翠华[⑨]。

◎注释

① 前贤：前代有才德的名人。

② 奢：用钱没有节制，过分享受。

③ 琥珀：是地质时代中树脂经石化而成，有的内含昆虫遗体，能作绝缘材料、化工原料、药材等。色美质优的琥珀可用作工艺雕刻材料。

④ 岂得真珠：一作“岂待真珠”。珍珠，形圆如豆，乳白色，有光泽，是某些软体动物（如蚌）壳内所产，为珍贵的装饰品，并可入药。

⑤ 青海马：青海骢，泛指骏马。

⑥ 蜀山蛇：据《蜀王本纪》载：秦献美女于蜀王，蜀王遣五丁力士迎之。还至梓潼，见一大蛇入山穴中，五丁共引之，山崩，五丁皆化为石。刘向《灾异封事》：“去佞则如拔山。”此以喻宦官佞臣。

⑦ 南薰曲：《南风》。相传舜曾弹五弦琴，歌《南风》之诗而天下大治。其词曰：“南风之燕兮，可以解吾民之愠兮。”

⑧ 苍梧：湖南省宁远县九嶷山，传为舜埋葬之地。这里借指唐文宗所葬的章陵。

⑨ 翠华：以翠羽为饰之旗，皇帝仪仗。舜逝于苍梧之野，故云“哭”，此以舜比文宗。司马相如《上林赋》：“建翠华之旗，树灵鼍之鼓。”李善注：“翠华，以翠羽为葆也。”

◎译文

纵览历史上，凡是贤明的国家，
成功源于勤俭，衰败起于奢华。
为什么非要用琥珀才能作枕头？
为什么镶有珍珠才是好坐车啊？
想要远行，却没遇见千里马呀；
力单势孤难以拔出蜀山的猛蛇。
有几高人听过舜帝的《南风歌》？
惟苍老的梧桐在悲叹翠色不在。

◎创作背景

这首诗作于唐文宗开成五年（840 年）正月文宗去世之后。据新、旧《唐书·文宗纪》及《通鉴》卷二四三载：文宗深知穆宗、敬宗两朝之弊，即位后励精图治，去奢从俭。文宗曾两次谋诛宦官，均遭到失败而“受制于家奴”，最终郁悒而死。作者写此诗既伤悼文宗，又深虑唐王朝命势将颓而悲凉哭泣。

◎赏析

这首诗的以回顾历史来说明勤俭能使国家昌盛而奢侈腐败会使国家灭亡，提出了王朝的兴衰，非只在于勤俭奢侈与否，并认为比勤俭更为重要的是国运和国力，通过对唐文宗的哀悼，抒发了对国家命运的关注和对国家的一腔深情。

“历览前贤国与家，成由勤俭破由奢”，从总结历朝历代统治经验出发，得出成功大都由于勤俭，破败大都因为奢侈的经验教训。这两句表面看像是抽象的议论，不是诗，实际上它不是在发议论，而是说像文宗那样勤俭，应该使国家兴盛的，怎么反而破败呢？这里充满着惋惜和同情，是抒情而不是议论。

“何须琥珀方为枕，岂得真珠始是车”，对上句诗中的结论作具体的印证。“何须”与“岂得”是诗人发出的反问，是诗人对唐王朝的颓败之势的议论。

“运去不逢青海马，力穷难拔蜀山蛇”，诗人认为比勤俭更为重要的，其实是国运和国力，一旦运去，就是虞舜那样的贤君也无回天之力，而只能遗恨终生。这两句是这首诗的主旨，诗人虽然说不清“运”究竟是什么，但他确实感到仅靠勤俭（包括皇帝个人的其他努力），不足以挽救一个时代的衰颓之势，而且在他看来，唐朝的国运似乎已去，难以挽回了，诗人的这种认识虽然模糊、含混，却是敏感的、深刻的。一个王朝的兴衰，自有其更复杂、更本质的原因所在，而最本质的原因或者说道理，诗人受自身政治阅历及知识面的局限无法理解，所以，他只好以宿命论的观点来解释这一反常现象，归之于命运。

“几人曾预南薰曲，终古苍梧哭翠华”，承上而下，由理而情，由情造境，进而转换为纯情的抒怀。文宗好诗，李商隐在文宗开成二年（837 年）登第，恩赐诗题《霓裳羽衣曲》。所以，在这首诗的结束句中，诗人难以控制自己的情感，发出了“终古苍梧哭翠华”的沉痛感叹！表现出诗人对于文宗治国悲剧的感慨和对国家命运的深切关注之情，也是对文宗的哀悼。“哭”字是诗人内心情感的爆发，也是其内心悲痛的真实抒写，更让我们看到了一个为国家命运而大声哭泣的士大夫形象。

这首悼亡诗是诗人最真实的情感流露，诗人没有丝毫隐瞒自己的政治观点，可以说，诗人不但“哭”文宗，“哭”自己，更是在“哭”这个家国民族的命运，表达出强烈的爱国情感。

琥　珀

琥珀，是一种透明的生物化石，是松柏科、云实科、南洋杉科等植物的树脂化石。树脂滴落，掩埋在地下千万年，在压力和热力的作用下石化形成，有的内部包有蜜蜂等小昆虫，奇丽异常。琥珀大多数由松科植物的树脂石化形成，故又被称为“松脂化石”。

在中国古代，琥珀曾被称作虎魄、育沛、兽魄、顿牟、江珠、遗玉等，谓“虎死精魄入地化为石”，或认为琥珀是老虎流下的眼泪。这些传说蕴含着中国古人对琥珀的揣测和追寻，暗示人们认为琥珀有趋吉避凶、镇宅安神的功能。

而在古代帝王眼中，琥珀也有着非凡的意义。据《清会典图考》记载“皇帝朝珠杂饰，唯天坛用青金石，地坛用琥珀，日坛用珊瑚，月坛用绿松石。”

北青萝[①]

残阳西入崦[②]（yān），茅屋访孤僧。

落叶人何在，寒云路几层。

独敲初夜[③]磬[④]（qìng），闲倚一枝藤。

世界[⑤]微尘里，吾宁[⑥]爱与憎。

◎注释

①青萝：一种攀生在石崖上的植物，此处代指山。

②崦："崦嵫"，山名，在甘肃，古时常用来指太阳落山的地方。

③初夜：黄昏。

④磬：古代打击乐器，形状像曲尺，用玉、石制成，可悬挂，可作念经时的打击乐器，也可敲响集合寺众。

⑤世界：语本《法华经》："书写三千大千世界事，全在微生中。"

⑥宁：为什么。

◎译文

夕阳西下，半边残阳落入崦嵫山，
我到山中茅屋探访一位独居老僧。
风吹落叶萧萧下不知僧人在何处？
寒风凛凛云雾弥漫山路崎岖重重。
啊，终于见到他独自敲击着暮钟，
他正悠闲自得地背靠着一枝老藤。
世界万物其实都是微尘里一分子，
我为何非要分清什么喜爱与恨憎？

◎创作背景

唐文宗大和二年（828年），李商隐在十七岁之前曾有一段玉阳求仙学道的生活，在山中访问僧人的途中时，忽悟禅理，并且作下了这首诗。

◎赏析

这首诗是诗人在漂泊生活中倍感孤独而落寞，使他感到生活在红尘中的不幸，向往着佛家清净的天地。

“残阳西入崦，茅屋访孤僧”，清苦人寻清苦地，孤独客访孤独僧。“茅屋”，写出僧人居处的简朴，“孤僧”，写出僧人不厌孤独，自甘清苦。当红日西沉山谷时，诗人来到山中，去拜访一位住在茅屋中的僧人，俗与佛有了精神交流的契机。

“落叶人何在”，写诗人寻访所经之程、所见之景。“落叶”满山的林木纷纷飘下黄叶，言明时值深秋。“人何在”诗人要找的那位孤僧，却不知住在哪里，使人联想到诗人在密密层层、千回百转的山林间四处张望的神态，显现出僧人之幽藏，表现出诗人和孤僧有着同样的远避红尘的意趣。

“寒云路几层”不仅写出僧人的高居尘上，也写出诗人不畏辛劳和艰险、一心追寻禅理的热切之举。山路入云已见其高，配以“寒”字更将山之高、林之密、僧人之幽藏做进一步的渲染，景中暗含着僧人和诗人的影子，言简蕴丰，堪称妙笔。

“独敲初夜磬，闲倚一枝藤”，以精炼的笔墨描绘了僧人的简静生活以及诗人心灵深处的向往之情。“初夜”对首句中“残阳”，写出到达茅屋已是夜幕降临的时候。“独”与次句的“孤”字相呼应，因是“孤僧”，所以独自敲“磬”。“闲倚一枝藤”内蕴丰富，可理解为僧人生活清苦，但很“闲”淡；也可理解为此时诗人终于寻到了心中想见到的高僧，但见其正一心事佛，出于对佛的虔诚和对僧的敬重，诗人不忍打搅，只是站在茅屋外边，身倚一枝老藤，耳听清脆的磬声，眼望寂静的星辰，感悟着佛界的静谧与安详，胸中再无红尘的困扰。“藤”可理解为用藤条做的手杖，供僧人所“倚”，也可以理解为诗人进屋之前，由于一路寻访而疲惫，在静心听取“磬”声时，不由自主地让自己的心“闲”下来，而身体自然而然地去寻找身边可以用来歇息的老“藤”倚靠。所以这里的“藤”既是实写物景，也暗含着诗人内心深处的渴望，他渴望自己在政治上能有“藤”可“倚”，也渴望着生活中自己的身边能有人像“藤”一样的供自己可“倚”！同样，“闲”态此时既是写僧，也是状己。

“世界微尘里，吾宁爱与憎”，写诗人获得了思想的启迪。佛教认为大千世界全在微尘之中，人也不过就是微尘而已。诗人领悟了这个道理，表示自己今后不再纠缠爱憎，要让心灵归于净地，以淡泊之胸面对仕途荣辱。

全诗语言凝练、层次清晰、蕴藏丰富、感怀真挚，突显出诗人希望从佛教思想中得到解脱，抛却爱憎，求得内心的宁静，更衬出孤僧高洁的心灵，表达了诗人不畏艰辛艰、一心追寻禅理、淡泊仕途荣辱的人生新追求。

◎轶闻异物录

古乐器——磬

磬是一种中国古代石制的打击乐器和礼器。甲古文中“磬”字左半像悬石，右半像手执槌敲击。

磬起源于某种片状石制劳动工具，其形在后来有多种变化，质地也从原始的石制进一步有了玉制、铜制的。

磬相传是黄帝使伶伦造磬，取片状石材，制成曲尺形，上钻磨一孔，悬挂敲击，其造型又酷似古人在宗庙、宗族大典时虔诚的鞠躬之礼，故有“磬折”之说。

磬，最早用于中国古代的乐舞活动，后来用于历代帝王、上层统治者的殿堂宴享、宗庙祭祀、朝聘礼仪活动中的乐队演奏，成为象征其身份地位的“礼器”。唐宋以后新乐兴起，磬仅用于祭祀仪式的雅乐乐队。

磬，有单个特磬与按律吕依次编排的“离磬”（即编磬）之分。单个特磬，作为氏族“鸣以聚众”的信号乐器；编磬则是在宗庙祭祀、宗族盛宴等大典时与编钟一起合奏。

细　雨

帷[①]飘白玉堂[②]，簟[③]（diàn）卷碧牙床[④]。

楚女[⑤]当时意，萧萧[⑥]发彩[⑦]凉。

◎注释

①帷：帷帘，这里指细雨从天而降，形同疏帘。

②白玉堂：指天宫。

③簟：竹席。

④碧牙床：喻指天空，蔚蓝澄明的天空好像用碧色象牙雕塑成的卧床。

⑤楚女：指《楚辞·九歌·少司命》里描写的神女。

⑥萧萧：清凉的。

⑦发彩：形容秀发光泽华润。彩：一作“影”。

◎译文

阵阵细雨像白玉堂飘下的帷帘，
又似碧牙床上翻卷起来的竹席。
神女披拂着她光彩照人的秀发，
就好像这使人感到清凉的细雨。

◎创作背景

这首诗大约作于唐文宗大和三年（829年），当时作者获得了考取进士的资格，但因其没有什么背景而初试失败。同年，令狐楚为天平军节度使（治郓州，今山东东平县），赞赏他的文才，请他到幕府里去做巡官，一场细雨后而作此诗。

◎赏析

这首诗选取雨季来临时的一幕落笔，以神奇丰富的想象描摹了初秋蒙蒙细雨迷人的情状，意境优美而鲜活。

“帷飘白玉堂，簟卷碧牙床”，将细雨由天上洒落，想象为好像天宫白玉堂前飘拂下垂的帷幕，又像是从天空这张碧牙床上翻卷下来的簟席。“帷”和“簟”都是织纹细密而质地轻软的物件，用它们作比拟，既体现出细雨的密致形状，也描画了细雨随风飘洒的轻盈灵姿。比喻既贴切有富有想象力。

“楚女当时意，萧萧发彩凉”，诗人借用神话传说，进一步形容蒙蒙细雨之美。“楚女”，《楚辞·九歌·少司命》里描写的神女，诗中曾写她在天池沐浴后暴晒、梳理自己头发的神情。“萧萧”清凉的气氛。诗人想象神女当时的情态，那茂密的长发从两肩披拂而下，熠熠地闪着光泽，萧萧地传达凉意，如同作者眼前洒落的细雨。这个比喻不仅更为生动地写出了细雨的各项特征，还特别富于韵致，引人遐想。

整首诗联想丰富，意蕴优美，反映出作者咏物的多样化笔调。

◎轶闻异物录

唐朝行政区划

唐朝行政区划、地方的行政管理制度是中国历代行政区划沿革中比较重要的转折时期。在较长时期内,唐朝采用了“道州县”“三级制”，但是“道”的实际权限相互间差异很大，变革繁多，而且其基础往往是节度使的实际权力膨胀，所以这一体系常被称为“虚三级”。而且唐朝疆域经历了显著的扩张到鼎盛到缩减的过程，后期逐渐趋向藩镇割据的分裂状态,行政区划的记载已经非常不完整。但是唐初始设的“道”的概念,仍然影响了之后的宋朝,并成为“路”的原形。

唐朝疆域辽阔,初期将郡改称州,长官复称汉朝的刺史,成为一级行政区划,下领县,实行州县两级制。但此时天下已经不是秦朝建国时的三十六郡的规模,州数激增到了三百以上,中央政府管理非常不便,后在州县上增加“道”这一监察机构。同时唐朝内外战争频繁,除州、府、县的常规区划外,还有诸多关、军、监等以军事为主的建制。在少数民族和边境地区建立都护府及下辖的羁縻府州加强管理。到唐朝正式灭亡时,天下已经出现了四十多个道和藩镇,其中大多数都由节度使管辖。

曲　江[1]

望断[2]平时翠辇[3]过，空闻子夜[4]鬼悲歌[5]。

金舆[6]不返倾城色[7]，玉殿[8]犹分下苑[9]波。

死忆华亭闻唳鹤[10]，老忧王室泣铜驼[11]。

天荒地变[12]心虽折[13]，若比伤春[14]意未多。

◎注释

①曲江：即曲江池。在今陕西省西安市东南。秦为宜春苑，汉为乐游原，因有河水水流曲折，故称。隋文帝以曲名不正，更名芙蓉园。唐复名曲江，开元中更加疏凿，为都人中和、上巳等盛节游赏胜地，曲江是唐代长安最大的名胜风景区。

②望断：向远处望直至看不见。

③翠辇：饰有翠羽的帝王车驾。

④子夜：夜半子时，半夜，又是乐府《吴声歌曲》名。

⑤悲歌：悲壮地歌唱。

⑥金舆：帝王乘坐的车轿。

⑦倾城色：旧时形容女子极其美丽，这里指嫔妃们。

⑧玉殿：宫殿的美称。

⑨下苑：本指汉代的宜春下苑。唐时称曲江池。

⑩华亭闻唳鹤：感慨生平，悔入仕途的意思。

⑪铜驼：铜铸的骆驼，多置于宫门寝殿之前。

⑫天荒地变：影响巨大而深远的巨变，指国家的沦亡。

⑬折：摧折。

⑭伤春：为春天的逝去而悲伤。一作“阳春”。

◎译文

望不见平时帝王的翠辇经过，
只能在夜半聆听冤鬼的悲歌。
宫妃金舆不返难见倾城之色，
只有曲江的流水被玉殿分波。
临死时才幡然悔悟进入仕途，
老臣忧心王室命运悲泣铜驼。
虽经历了天荒地变人心摧折，
若比伤春的哀恸此意不算多。

◎创作背景

安史之乱后曲江荒废，唐文宗颇想恢复升平，故于唐文宗大和九年（835 年）二月派神策军修治曲江。十月，赐百官宴于曲江。甘露之变发生后不久，下令罢修。李商隐这首诗，应作于事变后的第二年春天。

◎赏析

这首诗概括描述了曲江前后之事，运用子夜鬼歌等典故，曲折地反映了士大夫被宦官惨杀的政治现实，表现了作者内心极度的怆痛之情。

“望断平时翠辇过，空闻子夜鬼悲歌”，诗人一开始就着意渲染曲江的荒凉景象，目的想表达曲江的兴废和唐王朝的盛衰密切相关。杜甫在《哀江头》中曾借曲江的今昔抒写国家残破的伤痛，面对经历了另一场“天荒地变”——甘露之变后荒凉满目的曲江，李商隐心中自不免产生和杜甫类似的感慨。“平时翠辇过”，指的是事变前文宗车驾出游曲江的情景；“子夜鬼悲歌”，则是事变后曲江的景象，荒凉中显出凄厉，正暗示出刚过去不久的那场“流血千门,僵尸万计”的残酷事变。“望断”“空闻”，从正反两个方面暗寓了一场“天荒地变”。

“金舆不返倾城色，玉殿犹分下苑波”，诗人在感慨歌舞升平的日子一去不返,暗寓唐王朝的江山难再辉煌。在“不返”和“犹分”的鲜明对照中，显现出一幅荒凉冷寂的曲江图景，蕴含着无限沧桑的往昔不再之感。

“死忆华亭闻唳鹤，老忧王室泣铜驼”，这里用西晋陆机“华亭鹤唳”典故，以暗示“甘露事变”期间大批朝臣惨遭宦官杀戮之事，回应次句“鬼悲歌”。“泣铜驼”借用西晋索靖典故，以抒写对唐王朝国运将倾的忧虑。这两个典故都用得非常精切，不仅使不便明言的情事得到既微而显的表达，而且加强了全诗的悲剧气氛，而且两句似断实连，隐含着因果联系。

“天荒地变心虽折，若比伤春意未多”，抒发“伤春”之情，表达对国家命运的担忧。痛定思痛之际，诗人没有把目光局限在甘露之变这一事件本身，而是更深入地去思索事件的前因后果，敏锐地觉察到这一历史的链条所显示的历史趋势。这正是此篇思想内容比一般的单纯抒写时事的诗深刻的地方，也是这首诗风格特别深沉凝重的原因。

这首诗在构思上既借曲江今昔暗寓时事，又通过对时事的感受抒写“伤春”之情，然而，作者真正目的是借“伤春”描写抒发自己浓重的“伤国”之情。全诗以丽句写荒凉，以绮语寓感慨，主旨在结尾二句点出，寄托深远，感慨无限。

◎轶闻异物录

甘露之变

“甘露之变”是唐文宗大和九年（835 年），二十七岁的唐文宗不甘为宦官控制，和李训、郑注策划诛杀宦官，夺回皇帝权力而失败的一次事变。

唐代后期，宦官擅权专政达到了极致。文宗即位后，即力图惩治宦官，夺回权力。大和八年（834 年）秋，文宗提升李训为宰相，又任命郑注为凤翔节度使，作为京师外援，逐步开始打击宦官。

唐文宗大和九年十一月二十日，早朝于紫宸殿时，金吾大将军韩约奏报左金吾仗院内石榴树上夜降甘露，李训等建议皇帝宜亲往观看。文宗乃命宦官神策军左右护军中尉仇士良、鱼志弘（一作弘志）等带领宦官去察看。仇士良等至左金吾仗院时，发现两庑幕后埋伏了武装士兵，慌忙奔回。李训等本想以观看甘露为名，将宦官诱至金吾仗院一举歼灭。不料计划失败，宦官迫使文宗乘软舆入东上阁门。朝臣一时惊散。宦官挟持文宗退入后宫后，立即派遣神策军五百人，持刀出东上阁门，逢人即杀，死者六七百人。接着关闭宫城各门搜捕，又杀千余人。李训、郑注等人被杀并遭族诛，更多的人被牵连而死。

经过这次宦官的大屠杀，朝班几乎为之一空。从此宦官更加专横，凌逼皇帝，蔑视朝官，文宗因此郁郁而死。

滞雨[1]

滞雨长安夜，残灯独客愁。

故乡云水地[2]，归梦不宜秋。

◎注释

① 滞雨：久雨不止，也可以理解为因雨而停滞之意。

② 云水地：指云水弥漫的地方。

◎译文

连绵不断的夜雨让我留滞长安之夜；
独对黯淡的残灯让客子更触绪生愁。
我向往着的故乡是美丽的云水之地；
我怕的是归乡之梦不宜于这个清秋。

◎创作背景

唐文宗大和六年（832 年），李商隐到唐朝京城长安应考，被考官贾餗所憎，未能及第，返回太原幕府。大和九年（835 年）因悼念崔戎，再次进京。此诗大约作于此次留京时期。

◎赏析

这首诗通过描写诗人在长安雨夜的感受，表达自己思乡之情和仕途不顺的苦闷。

“滞雨长安夜，残灯独客愁”，首句交代时间地点和缘由，诗人归心似箭，但偏偏又碰上似乎永无休止的连夜雨，给人一种无法排遣的无奈、凝重之感，也为后面的“客愁”“归梦”蓄势。“残灯”与外面无尽的雨夜相叠，更让人以凄凉、忧伤感。“残灯独客”与前面的“滞雨夜”共同营造出一种朦胧迷离、孤寂凄清的氛围，在这样的意境下，游子很自然会想到自己的故乡。

“故乡云水地”，虚写，体现诗特有的朦胧性，怎么理解都给人一种真实而亲切的感受。

“归梦不宜秋”，直抒感慨，语似直切，实则含蓄，因为在诗人眼中，秋就是愁，秋风秋雨秋云秋水，无一不令诗人愁肠百结。诗人在此说“不宜”，其实是“最宜”，有正话反说、不言神伤之妙。

全诗曲折有致，自成高格，把归思难收，归期无定，归梦不宜的浓愁表现得淋漓尽致。

◎轶闻异物录

唐代幕府走出的牛人

我国古代士人进入幕府任职，称为入幕。

唐代入幕的士人大体可分为白身、现任官、前资官、科举及第者等四类人员。由于幕府用人不问出身、资格，唯才是用，因此这一时期，幕府中聚集了大量人才。尤其“安史之乱”后，唐玄宗颁诏，允许诸道自行简择人员，辟署权一经放开，诸藩镇争相聚拢人才，就此拉开了与朝廷争夺人才的序幕。

以白身为例，最著名的人物当属大诗人李白。“安史之乱”爆发，唐玄宗命永王李璘节度东南，李白被辟为僚佐。李璘谋反，李白发觉后逃往彭泽。尽管如此，他仍被流放到夜郎，遇赦放归，酒醉乘舟，落水而死。当然，白身入幕者并非李白一人，只不过他是最典型的代表而已。

大诗人杜甫也当过幕职官。杜甫曾考进士落第，困于长安。唐玄宗祭太清宫，杜甫献赋三篇得赏识，因而获得河西尉、右卫率府胄曹参军等职。唐肃宗时授其“左拾遗”。由于关中发生饥荒，杜甫遂弃官经秦州入蜀,在成都郊外浣花溪建草堂而居。严武任剑南西川节度使时，与杜甫交好，聘其为参谋、检校工部员外郎，后人称其为“杜工部”。

唐代著名的边塞派诗人高适也是通过入幕而逐渐升为高官的。

唐后期的著名诗人孟郊进士及第后，仅获了溧阳尉的小官，经另一诗人李翱的推荐，遂入兴元节度使郑余庆幕中，任参谋之职。

唐代另一位著名诗人杜牧，进士及第，又中制科，先是在江西团练府任巡官，又先后入江西、宣歙、淮南节度使府任掌书记，持续时间达十几年。

夕阳楼[①]

在荥阳[②]，是[③]所知[④]今遂宁萧侍郎[⑤]牧荥阳日作矣。

花明[⑥]柳暗[⑦]绕天愁[⑧]，

上尽重城[⑨]更上楼[⑩]。

欲问孤鸿向何处，

不知身世自悠悠。

◎注释

① 夕阳楼：旧郑州之名胜，始建于北魏，为中国唐宋八大名楼之一，曾与黄鹤楼、鹳雀楼、岳阳楼等齐名。

② 荥阳：在河南省郑州市荥阳一带。

③ 是：指夕阳楼。

④ 所知：所熟悉的人。

⑤ 萧侍郎：萧澣。《旧唐书·文宗纪》："大和七年（833 年）三月，以给事中萧澣为郑州刺史，入为刑部侍郎。九年六月，贬遂州司马。"《地理志》："遂州遂宁郡，属剑南东道。"萧澣贬遂州司马，不久病逝，李商隐作有《哭遂州萧侍郎二十四韵》。

⑥ 花明：九月繁花凋谢，菊花开放，特别鲜明。

⑦ 柳暗：秋天柳色深绿，显得晦暗。

⑧ 绕天愁：忧愁随着天时循环运转而来，秋天有秋愁。

⑨ 重城："层楼"，指高高的城楼。

⑩ 楼：指夕阳楼。

◎译文

花明柳暗更替之事让人兴起无限愁绪，

登上高楼后才发现更高的楼还在前方。
仰天询问那只孤雁要独自飞到哪里去，
原来自己也和这只秋雁一样孑然无助。

◎创作背景

这首诗作于唐文宗大和九年（835 年）秋，据作者自注可知，萧澣正在遂州。夕阳楼是唐文宗大和七年（833 年）萧澣在郑州任刺史时所建。李商隐昔曾投靠萧澣，为其幕僚，因为才华过人，深得萧澣赏识，可以说是有知遇之谊，故称“所知”。大和九年六月，郑注、李训专权，萧澣被贬为遂州刺史，再贬为司马。九月，李商隐过荥阳，闻知交远谪，独上夕阳楼，抚今追昔，大有孤鸿零落、前程未卜之叹。

◎赏析

这首诗通过对诗人所见景物的描写，诠释了诗人心中的愁绪和感慨。

“花明柳暗绕天愁，上尽重城更上楼”，诗人“上尽重城”时，不愿、不甘“上尽”，还要“更上”，这与王之涣“更上一层楼”是两种完全不同的心态，因为诗人登楼所见景物是“花明柳暗”“悠悠孤鸿”。春色烂漫的季节，大自然本应是一派生机盎然的景象，但诗人却没有春光明媚的那种感觉，于是弥漫在自己胸际的黯淡愁云转而弥漫到“花明柳暗”的景物之上，使春色也蒙上了一层万里愁云万里凝的黯淡色彩，而且诗人胸际的愁云又被放大，弥漫充塞到了天地间，成了“绕天愁”，悠长而纷乱，足见诗人在遣词造句上的讲究。而且，同一事物，诗人不说“柳暗花明”，而是“花明柳暗”，词序排列由明而暗，而愁，以显出情绪变化的层次，由此可见诗人对意象的关注，造境的巧妙。诗的头两句用倒装句，“花明柳暗”的风景是在“上尽重城更上楼”后所见，但第二句对于下面第三句“欲问孤鸿向何处”

又是顺叙，可见诗人构思炼句之巧妙。

“欲问孤鸿向何处，不知身世自悠悠”，诗人专就望中所见孤鸿南征的情景抒发慨叹。仰望天空，万里寥廓，但见孤鸿一点，在夕阳余光的映照下孑然逝去，这情景连同诗人此刻登临的夕阳楼都很自然地使他联想起被贬离去、形单影只的萧澣，从内心深处涌出对萧澣不幸遭际的同情和前途命运的关切，故有“欲问”之句。然而此时，诗人忽又顿悟自己的身世原来也和这秋空孤鸿一样孑然无助、渺然无适。“孤鸿”蕴含着一层更深沉的悲哀，更深刻的悲剧——一个同情别人不幸遭遇的人，往往没有意识到自己原来正是亟须人们同情的不幸者；而当他一旦忽然意识到这一点时，竟发现连给予自己同情的人都不再有了 。而“欲问”至“不知”的转跌，则构成了“孤鸿”凄婉的艺术效果，揭示出更深沉的悲哀，更深刻的悲剧。

诗人用生动的笔墨，以眼前看到的景物入手，展示在人们面前一幅花明柳暗、高楼独立、孤鸿飞翔的画面，用艺术的手段来诠释自己心中的愁绪和感慨，也尽情倾诉了他的心中渴望，让全诗达到凄婉入神的境界，体现出无限的诗意。

◎轶闻异物录

刺史是个什么官

“刺史”一职，最初是作为地方监察长官而设置的，源于秦朝的监御史制度。“刺”是检举不法的意思，“史”是皇帝所使的意思。所谓：“秦时无刺史，以御史监郡。”

秦朝是中国历史上第一个统一的封建王朝，公元前 221 年，秦始皇统一六国，实行郡县制，分全国为三十六郡，郡下各辖若干县不等。郡的长官称为郡守，汉代改称太守。为了加强集权、巩固政权、保证稳定，就必须对地方长官进行监督，于是秦始皇在设置长官时，“分天下以为三十六郡，郡置守、尉、监”；除了郡守外，还设置了郡尉（地方军事长官）和监御史。

汉初，一度省监御史，有丞相派员监察地方。汉武帝元封五年（前106年）将全国分为十三个部州，每州下辖若干郡国，各州设刺史一名，但当时的刺史并不管辖地方行政事务，而主要是负责按“六条问事”督察郡国吏治，概括地说“刺史”的职责是“省察治状，黜陟能否，断治冤狱”，可以说这个阶段的“刺史”相当于现在的省级检察院检察长一职。

从东汉起“刺史”的权力逐步扩大，开始干预地方行政事务；州也由监察区变为行政区，“刺史”也逐渐变成了地方最高行政长官。当然，这是一个逐渐变化的过程，如汉成帝时改刺史为州牧，光武帝时复称刺史，而到了汉灵帝时又复称州牧，更是位居太守之上，成为实际上掌握了一州军政大权的地方行政长官。

自三国至隋唐，各州也多设刺史，一些重要的州郡更是有都督兼任刺史。宋代起，地方长官不再称刺史，而称知州，刺史仅为虚衔，不是实职。元代以后，刺史之名废。到了清代，刺史仅是知州的别称。

回中[①]牡丹为雨所败二首

其一

下苑[②]他年未可追，西州[③]今日忽相期。
水亭[④]暮雨寒犹在，罗荐[⑤]春香暖不知。
舞蝶殷勤[⑥]收落蕊，佳人[⑦]惆怅卧遥帷。
章台[⑧]街里芳菲伴，且问宫腰[⑨]损几枝。

其二

浪笑[⑩]榴花不及春，先期[⑪]零落更愁人。
玉盘[⑫]迸泪伤心数，锦瑟[⑬]惊弦破梦频。
万里重阴非旧圃[⑭]，一年生意属流尘[⑮]。
前溪[⑯]舞罢君回顾，并觉[⑰]今朝粉态[⑱]新。

◎注释

①回中：回中有二，一是汧之回中，在今陕西省陇县西北；一是安定之回中，在今甘肃固原市。诗题所称回中指后者。

②下苑：指汉代的宜春下苑。唐时称曲江池。

③西州：地名，指安定郡。

④水亭：临水的亭子。

⑤罗荐：丝绸褥子。

⑥殷勤：情意恳切。

⑦佳人：一作“有人”。

⑧章台：战国时秦宫中台名。

⑨ 宫腰：语出《韩非子·二柄》："楚灵王好细腰，而国中多饿人。"

⑩ 浪笑：漫笑。

⑪ 先期：约定日期之前，在事情发生或进行之前。

⑫ 玉盘：指牡丹花冠，似为白牡丹。据《洛阳花木记》记载，牡丹有叫玉盘妆的，玉盘也可能仅指形状。

⑬ 锦瑟：装饰华美的锦瑟。瑟：拨弦乐器，通常二十五弦。

⑭ 旧圃：指往日曲江之花圃。

⑮ 流尘：飞扬的尘土。

⑯ 前溪：前溪村是南朝教习音乐的地方，江南声伎多出于此。

⑰ 并觉：感觉。

⑱ 粉态：娇美的姿容。

◎译文

其一

在曲江林苑的往昔不可忆，在西州今天忽然相互盼望。
水亭上暮天大雨寒气还在，春天丝褥温暖却没了感知。
蝴蝶飞舞采收着落花之粉，美人却忧愁地卧在帷幕中。
长安街还有其他花朵为伴，管您在风雨后减损多少枝？

其二

笑石榴花开迟赶不上芳春，牡丹花早早凋谢更是愁人。
洁白的花冠伤心溅泪无数；琴瑟急奏似风雨惊破晓梦。
阴云万里已不是过去花圃；美好生机已付与流沙污泥。
前溪歌舞后若再回头看看，定感今日的牡丹娇美清新。

◎创作背景

唐文宗开成三年（838 年）暮春时节，李商隐在长安应试博学鸿词科落第，由长安动身回泾源，途经回中（今甘肃固原境内）住在逆旅，恰遇苦雨天气，院子里的牡丹刚刚绽苞，就被一阵狂风疾雨打落。诗人回想往事，触景生情，借牡丹以寄慨身世，写下了《回中牡丹为雨所败二首》。

◎赏析

这两首诗借牡丹被雨摧残后而败落的凄凉景象寄托作者自己身世零落之感，盼望早日成就自己的人生梦。

“下苑他年未可追，西州今日忽相期”，诗人感慨牡丹往昔植于曲江苑圃之繁华情景已不可复追，今日受尽了西州风雨的摧残，暗喻自己往岁荣登进士第、曲江游赏、得意尽欢的盛况已不可再，今日竟沦落到寄此泾州的人生坎坷际遇。

“水亭暮雨寒犹在，罗荐春香暖不知”，作者将今日“水亭暮雨”的“寒犹在”感受与昔日“罗荐春香”做比较。感叹自己曾经的美好人生。“暖不知”对应“未可追”有恍如隔世之感。

“舞蝶殷勤收落蕊，佳人惆怅卧遥帷”，诗人采用拟人和想象，继续描写牡丹为雨败后，花事已阑的景象，感叹人生已经没有机会可以“从头再来”。

“章台街里芳菲伴，且问宫腰损几枝”，诗人再一次描写曲江下苑时期的得意人生，对比今日的西州回中，抒发心中的沦落天涯之恨。

“浪笑榴花不及春，先期零落更愁人”，感叹石榴花花开虽不及春，但是也比牡丹的先期零落更加令人伤心。

“玉盘迸泪伤心数，锦瑟惊弦破梦频。”极言牡丹被雨水摧残时的痛苦，暮春时节急雨伤花时花朵的惊恐心理，以及花朵奋力挣扎的状态。“伤心”“破梦”均是诗人借牡丹的痛苦而感怀自己的情怀际遇。

“万里重阴非旧圃，一年生意属流尘”，诗人用“万里”长空，“重阴”密布环境气候来暗喻恶劣的政治气候；用“花落”委地已付“流尘”来喻指自己尚未来得及施展才能即遭打击而沦落的心伤境况。

“前溪舞罢君回顾，并觉今朝粉态新”，诗人借异日花瓣落尽之时对视今日雨中情景。“并觉”暗示将来之厄运更甚于今日。诗人一生的努力和希望都成空了，昔日的美好环境已不可再，今后的前途自不可问，自不待言而泪迸。

全组诗格调凄凉哀婉，标志着李商隐独具个性的创作风格的真正形成。

◎轶闻异物录

洛阳花木记

《洛阳花木记》的作者周师厚，字敦夫，宋代浙江鄞州区人。据书中自序，北宋神宗元丰四年（1081 年）作者来洛阳做官，就本人所见所闻记载各种奇花异卉，对当时所出的新花尤为留意，又参阅了唐李德裕的《平泉花木记》和欧阳修等人的花谱，于公元 1082 年写成此书。

作者在《洛阳花木记》中列举了各种花的名色，记牡丹一百零九种，芍药四十一种，杂花八十二种，各种果子花一百四十七种，刺花三十七种，草花八十九种，水花十九种，蔓花六种。花品之后，又载有四时变接法、接花法、栽花法、种籽法、打剥花法、分芍药法等篇。记述非常详尽。

春日寄怀

世间荣落[①]重[②]（zhòng）逡巡[③]，
我独丘园[④]坐[⑤]四春[⑥]。
纵使[⑦]有花兼有月，
可堪[⑧]无酒又无人[⑨]。
青袍[⑩]似草年年定[⑪]，
白发如丝日日新。
欲逐风波[⑫]千万里，
未知何路到龙津[⑬]。

◎**注释**

①荣落：荣显和衰落。

②重：甚，很。

③逡巡：顷刻、急速。

④丘园：家园，乡里，后亦以丘园指隐居之处。

⑤坐：渐、行将。

⑥四春：诗人会昌二年母亲去世，服丧闲居，到五年春已是第四年。

⑦纵使：即使。

⑧可堪：岂堪。

⑨又无人：李商隐《小园独酌》："空余双蝶舞，竟绝一人来。"与"无人"同慨。又，冯引一本作"更"。袁彪说："无酒无人，反不如并花月而去之。二语沉痛。"

⑩青袍：唐八、九品官穿青袍。作者居丧前任秘书省正宇，系正九品下阶，故著青袍。居丧期间离职家居，原职仍在。

⑪ 年年定：应上“四春”，有年年都一样的意思。

⑫ 欲逐风波：想去追逐风波。

⑬ 龙津：龙门，又名禹门口，在今山西省河津市西北。

◎译文

人世的升降瞬息即变，我却在家呆坐四年。
哪怕是有花又有月亮，但就没人把我推荐。
八品的官袍年年一样，头上白发越来越亮。
一心追逐风波千万里，却不知怎样见龙颜！

◎创作背景

唐文宗开成四年（839 年），李商隐在登进士第两年后应吏部试，授秘书省校书郎（九品），算是正式踏上了仕途，但不久受到“牛党”的排挤而外调弘农尉，由中央清要之职转而为地方趋奉之佐吏，不久因平反冤狱而触怒上司，自请去职。唐武宗即位，“李党”的首领李德裕为相，李商隐回京仍任秘书省正字。武宗会昌二年（842 年），李母去世，他服丧四年后于会昌五年秋返京仍居九品旧职，返京前作此诗，抒写心中的苦闷与希望，时年三十五岁。

◎赏析

这首诗通过描写家贫无酒可消愁，也无知音可相慰藉的愁怀，感叹汲引无门、前途渺茫、年华已逝的伤怀，抒发了诗人闲居生活的寂寞苦闷和岁月蹉跎、仕进无路的悒郁。

“世间荣落重逡巡，我独丘园坐四春”，诗人感叹世间盛衰变化迅捷，自己半生沦落隐于丘园的渺茫。“荣落”既指人也指花。

“纵使有花兼有月，可堪无酒又无人”，诗人继续慨叹，美好的居家环境抵挡不了内心的孤独和苦闷。“纵使”与“可堪”皆用以渲染诗人闲居时内心的寂寞之苦。

“青袍似草年年定，白发如丝日日新”，身上的官袍年年如旧，而头上的白发却日日更新。“青袍似草”“白发如丝”，不仅设色相映，更叹官职卑微、青春飞逝、仕进无门。“年年定”“日日新”对仗工整、静动相映、诙谐成趣，把作者内心的焦虑和外在的面貌变化一览无余地展示在读者面前。“年年”与“日日”的重叠更进一步补足了对比之意，足见诗人深厚的笔力和精湛的艺术才华。

“欲逐风波千万里，未知何路到龙津”，表达出诗人强烈的进取心和欲进无路的矛盾心理，正是这种焦灼的仕进心理才导致了诗人“白发如丝日日新”。

全诗纯以对比之法结撰成章，情景浑溶、低徊叹唱、富艳而多气，诗人未用典故却音节嘹亮，在清爽的格调中寄寓着沉痛、郁结的情愫，真实地反映出诗人的矛盾、痛苦和彷徨。

◎轶闻异物录

丁 忧

“丁忧”源于。根据传统孝道观念，朝廷官员在位期间，如若父母去世，则无论此人任何官何职，都必须从得知丧事的那一天起，辞官回家，为父母守制二十七个月的制度，叫“丁忧”。古代的“丁”和“忧”，其解释不同于现代的“丁”和“忧”，“丁”是遭逢、遇到的意思。“忧”是居丧的意思。

“丁忧”期限是三年。官员在“丁忧”期间唯一的任务就是为父母守孝报恩，期间夫妻要分开；吃、住、睡要在父母坟前；不喝酒、不洗澡、不剃头、不更衣；要停止一切娱乐活动。丁忧的人不准为官，如遇特殊原因，国家也不可以强招丁忧的人为官，被强招丁忧的人为官叫作“夺情”。

“丁忧”制度的确立是基于中国传统的孝道教育，更是对人性本善的维护。儒家认为，父母对我们的恩情是最重最大的，如果我们连父母的恩情都忘了，你让他爱别人、爱社会、爱国家，都是不可能的。

重有感

玉帐牙旗[①]得上游[②]，
安危[③]须[④]共主君[⑤]忧。
窦融[⑥]表已来关右，
陶侃[⑦]军宜次石头[⑧]。
岂有蛟龙[⑨]愁[⑩]失水？
更无鹰隼[⑪]与[⑫]高秋。
昼号夜哭兼幽显[⑬]，
早晚[⑭]星关[⑮]雪涕[⑯]收？

◎注释

①玉帐牙旗：指出征时主帅的营帐大旗。

②得上游：居于有利的军事地理形势。

③安危：偏义复词，这里偏用“危”义。

④须：应当。

⑤主君：指皇上。

⑥窦融：东汉初人，任梁州牧。此处指代刘从谏上疏声讨宦官。

⑦陶侃：东晋时荆州刺史。时苏峻叛乱，陶侃被推为讨伐苏峻的盟主，后杀了苏峻

⑧石头：石头城，即东晋都城建康（今南京）。

⑨蛟龙：比喻掌握天下大权的天子。

⑩愁：一作“曾”，一作“长”。

⑪鹰隼：比喻猛将名臣。《左传·文公十八年》：“见无礼于其君者，诛之，如鹰隼之逐鸟雀也。”

⑫ 与：通“举”。

⑬ 幽显：指阴间的鬼神和阳间的人。

⑭ 早晚：什么时候，系不定之词，即“多早晚”。

⑮ 星关：天门，指宫廷，即皇帝住处。

⑯ 雪涕：指落泪。

◎译文

将军的玉帐牙旗正处有利地位，
国家危难的时刻应与皇帝分忧。
虽然已像窦融从关右奏上战表，
还应学陶侃率大军进驻石头城。
哪能有蛟龙为失去水源而发愁，
偏没有鹰隼在高爽的秋空遨游。
京城里日夜号哭不分人世阴间，
宫内何时能抹干眼泪恢复自由？

◎创作背景

此诗作于唐文宗开成元年（836 年）。唐文宗大和九年（835 年）十一月，宰相李训、凤翔节度使郑注在唐文宗授意下密谋诛灭宦官。事败，李、郑先后被杀，连未曾预谋的宰相王涯、贾餗、舒元舆等也遭族灭，同时株连者千余人，造成“流血千门，僵尸万计”的惨剧，史称“甘露之变”。事变后，宦官气焰更加嚣张，“迫胁天子，下视宰相，陵暴朝士如草芥”（见《通鉴》）。开成元年（836 年）二、三月，昭义军节度使刘从谏两次上表，力辩王涯等无辜被杀，指斥宦官“擅领甲兵，恣行剽劫”，表示要“修饰封疆，训练士卒，内为陛下心腹，外为陛下藩垣。如奸臣难制，誓以死清君侧”，并派人揭露宦官仇士良等人的罪行。一时宦官气焰稍有收敛。作者有感于此事以及朝廷依然存在的严重弊端，写了这首诗。

◎赏析

作者此前已就甘露之变写过《有感二首》，所以此篇题为“重有感”。这种标题，类似无题。这首诗隐晦地表达了作者对“甘露之变”后国家政治形势的看法，对上表之事予以肯定，主张各地的武装力量进兵京城，铲除阉党，恢复皇帝的自由，为朝廷分忧，体现了作者关心国家的命运和强烈的正义感。

“玉帐牙旗得上游，安危须共主君忧”，首句重笔渲染，显示刘从谏的实力雄厚，条件优越，完全有平定宦官之乱的条件，以逼出下句，点明正意：在国家危急存亡之秋，作为一方雄藩理应与君主共忧患。“玉帐牙旗”，是说刘从谏握有重兵，为一方雄藩。“得上游”昭义镇辖泽、潞等州，靠近京城长安，军事上据有极便利的形势，所以说“得上游”。“须”字强调的是义不容辞的责任，可以说有了“须”字的高屋建瓴，下面的“宜”“岂有”“更无”等才字字有根。

“窦融表已来关右，陶侃军宜次石头”，作者用两个典故来表达对刘从谏进军平乱的期望。“已”和“宜”两个虚字衔连使用，不仅切合刘从谏虽上表声言“清君侧”却并未付诸行动的情况，而且将作者对刘既有所赞叹又有所不满，既有所希望又不免有些失望的复杂感情准确而细密地表现了出来，“宜”字中有鼓励、有敦促，也隐含着轻微的批评和谴责之意。

“岂有蛟龙愁失水？更无鹰隼与高秋”，诗人用两个比喻句比喻文宗受制于宦官失去权力和自由和忠于朝廷的猛将奋起反击宦官的时局。“岂有”表达作者强烈的义愤，和对这种局面的不能容忍。“更无”表达作者深切的忧恨和强烈的失望。联系上面的“须共”“宜次”不难体味出其中隐含着诗人对徒有空言而无实际行动，能为“鹰隼”而竟未为“鹰隼”者的不满与失望。

“昼号夜哭兼幽显，早晚星关雪涕收”，正因为“更无鹰隼与高秋”，眼下的京城仍然是昼夜人号鬼哭，一片悲惨恐怖的气氛。表达了对国家命运忧急如焚的感情。

全诗用典工切、造语精严，议论深刻、爱憎分明，尤其在虚词运用上可谓巧妙至极，文采气势变化跌宕，有杜甫爱国诗篇的风范。

用“有感”作为政治抒情诗的题目，创自杜甫。李商隐这首诗，不但承继了杜甫关注国家命运的精神和以律体反映时事、抒写政治感慨的优良传统，而且在风格的沉郁顿挫、用事的严密精切，乃至虚字的锤炼照应等方面，都刻意描摹杜律。但比起他后期学杜的律诗见《筹笔驿》《二月二日》等，他前期的这类作品就不免显得精严厚重有余而纵横变化不足。

◎轶闻异物录

窦 融

窦融（前 16—62），字周公。扶风平陵（今陕西咸阳西北）人。新莽末至东汉时期军阀、名臣，云台三十二将之一。

王莽掌权时，窦融担任强弩将军司马，参与镇压翟义、赵明起义。新莽末年，窦融曾随王匡镇压绿林、赤眉军，拜波水将军。后归刘玄，为张掖属国都尉。刘玄败，被推行河西五郡大将军事，据境自保。

刘秀称帝后，窦融遂决策归汉，授职凉州牧，从破隗嚣，封安丰侯。而“窦融归汉”也成为后世的著名典故。东汉光武帝建武十二年（36 年）入朝，历大司空、将作大匠，行卫尉事。东汉明帝永平三年（60 年），绘像于南宫云台。晚年因家族子弟放纵不法而遭到皇帝叱责。东汉明帝永平五年（62 年），窦融去世，享年七十八岁，谥号“戴”。

贾 生[①]

宣室[②]求贤访逐臣[③]，贾生才调[④]更无伦。

可怜[⑤]夜半虚[⑥]前席[⑦]，不问苍生[⑧]问鬼神[⑨]。

◎注释

① 贾生：指贾谊（前 200 年—前 168 年），西汉著名的政论家、文学家，力主改革弊政，提出了许多重要政治主张，却遭谗被贬，一生抑郁不得志。

② 宣室：汉代长安城中未央宫前殿的正室。

③ 逐臣：被放逐之臣，指贾谊曾被贬谪。

④ 才调：才华气质。

⑤ 可怜：可惜，可叹。

⑥ 虚：徒然，空自。

⑦ 前席：在坐席上移膝靠近对方。

⑧ 苍生：百姓。

⑨ 问鬼神：事见《史记·屈原贾生列传》汉文帝接见贾谊，“问鬼神之本。贾生因具道所以然之状。至夜半，文帝前席。”

◎译文

汉文帝求贤在宣室召见被贬臣子，
贾谊的才华和能力确实无人能及。
可惜谈至夜文帝还不时挪动双膝，
他所问的鬼神之事无关民生国计。

◎创作背景

此诗写作年代有两种说法。一是冯浩《玉溪生诗集笺注》中言“此盖至昭州修祀事，故以借慨”，意思说此诗是李商隐在唐宣宗大中二年

（848 年）正月受桂州刺史郑亚之命，赴昭州任郡守时所作。因李商隐为一郡之长，须主奉祭祀大事，于是借题发挥，创作了本诗。一是杨柳认为此诗当于大中二年三、四月间，李商隐离开桂林北上后滞留荆巴时期所作（见《李商隐评传》）。

◎赏析

这首托古讽时诗，是诗人借贾谊的遭遇，抒写自己怀才不遇的感慨。

“宣室求贤访逐臣，贾生才调更无伦”，选取汉文帝宣室召见贾谊，夜半倾谈的情节写文帝不能识贤、任贤。“求”“访”仿佛热烈颂扬文帝求贤意愿之切之殷，待贤态度之诚之谦，似乎求贤若渴，虚怀若谷。表现了文帝对贾生的推服器重。如果不看下文，几乎会误认为这是一篇圣主求贤颂，其实，这正是诗人故弄狡狯之处。“更无伦”赞叹贾生少年才俊、华彩照人的精神风貌。

“可怜夜半虚前席”，把文帝当时那种虚心垂询、凝神倾听，以至于“不自知膝之前于席”的情状描绘得惟妙惟肖，使历史陈迹变成了充满生活气息、鲜明可触的画面。这种善于选取典型细节，善于“从小物寄慨”的艺术手段，正是李商隐咏史诗的绝招。通过这个生动的细节渲染，把由“求”“访”而赞的那架“重贤”的云梯升到了最高处，但是，诗人却在句首加了“可怜”二字，把戏剧推向高潮的同时开始“转”。“可怜”一方面为末句警策之语预留伏笔，一方面是为在这里用看似轻描淡写的“可怜”，实则比用“可悲”“可叹”之类更为含蕴，更耐人寻味，写出了文帝不能真正识贤、任贤，使其在政治上发挥作用的可鄙之处。“虚”字，虽只轻轻一点，却使读者对文帝“夜半前席”的重贤姿态从根本上产生了怀疑，如此推重贤者，何以竟然成“虚”？诗人引而不发，给读者留下悬念，彰显出诗的跌宕波折情致，而不是一泻无余，这种承转交错的艺术处理方式，使得诗的讽刺意味浑然无迹。

“不问苍生问鬼神”，紧承“可怜”与“虚”，一矢中的——不问苍生问鬼神。郑重的求贤，虚心的垂询，乃至“夜半前席”，结果呢？不是为了询求治国安民之道，却是为了“问鬼神”！这究竟是什么样的求贤，对贤者又究竟意味着什么啊！作者在这里用了“不问苍生问鬼神”来揭题，但是诗人仍然只点破而不说尽，留给读者自己去自行体会。

整首诗在正反、扬抑、轻重、隐显、承转等方面的艺术处理上，都蕴含着辩证的艺术效果，显示出诗人辞锋犀利，讽刺辛辣，感慨深沉，却又极尽抑扬吞吐之妙的独有的艺术风格。

◎轶闻异物录

一代贤士贾谊

汉高祖七年（前200年），贾谊出生于洛阳（河南郡郡治所在地），少有才名，师从荀况学生张苍，十七岁即闻名于当地，河南郡守吴公对他非常器重，将其招致门下。在贾谊辅佐下，吴公治理河南郡，成绩卓著，社会安定，时评天下第一。

汉文帝登基，擢升河南郡守为廷尉，吴公因势举荐贾谊。汉文帝征召贾谊，委以博士之职，当时贾谊二十一岁，在所聘博士中年纪最轻。每逢皇帝出题讨论时，贾谊每每有精辟见解，应答如流，汉文帝非常欣赏，破格提拔，一年内升任为太中大夫。

鉴于贾谊的突出才能和优异表现，汉文帝想提拔贾谊担任公卿之职。周勃、灌婴、冯敬等人都嫉妒贾谊，进言诽谤贾谊“年少初学，专欲擅权，纷乱诸事”。汉文帝便逐渐疏远贾谊，不再采纳他的意见。

汉文帝四年（前176年），贾谊被外放任长沙王太傅。谪居长沙三年后，汉文帝想念贾谊，征召入京，在未央宫祭神的宣室接见贾谊。

汉文帝因对鬼神之事有所感触，就向贾谊询问鬼神的原本。贾谊详细讲述其中的道理，一直谈到深夜，汉文帝听得不觉移坐到席的前端。谈论完了，汉文帝说：“我很久没看到贾生了，自以为超过他了，今天看来，还是比不上他啊。”

贾谊此次回长安，文帝还是没有委以重任，只任命他为梁怀王太傅，梁怀王刘揖是文帝的小儿子，很受宠爱，算是文帝对贾谊的一种重视。

汉文帝十一年（前 169 年），贾谊随梁怀王入朝，梁怀王刘揖坠马而死，贾谊感到自己身为太傅，没有尽到责任，深深自责，经常哭泣，心情十分忧郁。汉文帝十二年（前 168 年），贾谊在忧郁中死去，年仅三十三岁。

登乐游原[①]

向晚[②]意不适，驱车登古原[③]。

夕阳无限好，只是近[④]黄昏。

◎注释

①登乐游原:《全唐诗》作“乐游原”。乐游原：在长安（今西安）城南，是唐代长安城内地势最高地。

②向晚：傍晚。

③古原：指乐游原。

④近：快要。

◎译文

傍晚时心情很不爽快，驾着车子登上了古原。

夕阳虽然是无限美好，只是已经接近了黄昏。

◎创作背景

此诗当作于唐武宗会昌四、五年（844—845）间，李商隐去河阳退居太原，往来京师，过乐游原而作。

李商隐所处的时代是国运将尽的晚唐，加之李商隐陷入“牛李党争”，身不由己，尽管他有抱负，但是无法施展，很不得志，在官场中异常失意，《乐游原》正是他心境郁闷的真实写照。

◎赏析

这首诗借赞美黄昏前的原野风光，感叹诗人虽有抱负，但无法施展的感伤情怀。

“向晚意不适，驱车登古原”，点明登古原的时间和原因。

诗人一改以往的含蓄，直接描写自己心情“不适”，说明诗人已经少有顾忌。登高望远，自古是诗人抒发家国之忧，身世之悲，古今之情，人天之思的爱好，但是，李商隐这次驱车登古原，却不是为了寻求感慨,而是为了排遣内心“向晚意不适”的情怀。

“夕阳无限好，只是近黄昏”，诗人透过当时唐帝国的短暂繁荣，预见到社会的严重危机，借此抒发内心的无奈感受。也可以说是诗人将时代没落之感，家国沉沦之痛，身世迟暮之悲一起熔铸于黄昏夕照下的景物画面中，这是诗人对无力挽留美好的事物所发出的深沉慨叹！“无限好”是对夕阳西下时的景象的热烈赞美。“只是”二字，笔锋一转，转到深深的哀伤之中，是作者不仅对夕阳下的自然景象，也对自己、对时代而发出感叹。这两句深含哲理的千古名言蕴涵了博大而精深的哲学意味，被后世广泛引用，并且借用到人类社会的各个方面。

全诗语言明白如话，毫无雕饰，节奏明快，感喟深沉，富于哲理，具有极高的美学价值和思想价值。同时，这首诗没有用典，是李诗中颇为少有，难能可贵。

◎轶闻异物录

南园遗爱

“南园遗爱”说的是汉宣帝对皇后许平君的爱。

故事发生在汉宣帝即位三年以后。大司马霍光的妻子霍显一心想让自己的小女儿霍成君做皇后。西汉宣帝本始三年（前 71 年），皇后许平君生一女孩，霍显认为时机已到，就在许皇后坐月子期间，霍显派女御医淳于衍在许皇后的滋补汤药中加入孕产妇禁服的一味中药——生附子，毒杀了许皇后。许皇后毒发身亡时年仅十九岁。之后霍成君如愿入主后宫，成为霍皇后。对许平君的死汉宣帝十分内疚和悲痛，于是追封其为“恭哀皇后”，并葬于杜陵南园（在今陕西西安东南，许皇后陵亦称“少陵”）。

此后人们就用“南园遗爱”代指这段故事。

落　花

高阁客竟去，小园花乱飞。
参差[①]连曲陌，迢递送斜晖。
肠断未忍扫，眼穿仍欲归[②]。
芳心[③]向春尽，所得是沾衣[④]。

◎注释

① 参差：指花影的迷离，承上句乱飞意。
② 归：一作“稀”。
③ 芳心：指花，也指自己看花的心意。
④ 沾衣：指流泪。

◎译文

站在高阁上的游客已陆续离去；
小园的春花随风凋零纷纷乱飞。
花影参差迷离接连着弯弯小径；
远望落花回舞映着斜阳的余晖。
我的肝肠欲断不忍把落红扫去；
望眼欲穿盼来春天却匆匆回归。
爱花惜花自然要怨春去得太早；
春尽花谢所得的只是落泪沾衣。

◎创作背景

这首诗是诗人于唐武宗会昌六年（846年）闲居永乐期间所作。当时以牛僧孺和李德裕为首的两群朋党互相倾轧，李商隐因娶王茂元之女一事，构怨于“牛党”，因而境况很不如意。于是诗人借物感怀作此诗。

◎赏析

这首诗通过对花叶飘落的描写，表达诗人对自己身世的感伤，抒发了诗人内心的苦闷。

“高阁客竟去，小园花乱飞”，写客去楼空、小园花飞的情境，含蓄而耐人寻味。诗人发挥联想的技巧，运用“客竟去”写留人不住，用“花乱飞”写留春不住，艺术手法绝妙。“竟”“乱”让人品味出：怨有情之人却无情，恼无情之花却有情的韵味。表达出主人公在客去楼空之后对春去花落的一种怅然之感，从而使花、情、意融为一体，达到了以情致动人的目的。“乱飞”具体描写落花的情状，用语巧妙。

“参差连曲陌，迢递送斜晖”，从不同角度写花落情状。上句从空间着眼，写落花飘拂纷飞，连接曲陌；下句从时间着笔，写落花连绵不断，无尽无休。“斜晖”透露出诗人内心的不平静。整个画面笼罩在沉重黯淡的色调中，显示出诗人的伤感和悲哀。

“肠断未忍扫，眼穿仍欲归”，表达的不只是一般的怜花惜花之情，而是断肠人又逢落花的伤感之情。“眼穿仍欲归”，写出了诗人面对落花的痴情和执着。

“芳心向春尽，所得是沾衣”，写花为装点春天而开，却落得飘零沾衣的结局。表达了诗人素怀壮志，不见用于世的凄婉和感慨。诗人在这里一语双关：一叹花，用自己生命点缀春色，终却凋落飘零沾人衣裙；二叹己，虽有怜芳惜菲之心，然而无力留春，只能怆然涕下，泪沾衣襟。

全诗用白描的手法，通过联想和想象，写出“落花”与“惜花”的情境和意蕴，情深韵美，委婉动人。

◎轶闻异物录

牛党之首——牛僧孺

牛僧孺（779—847）唐穆宗、文宗时宰相。字思黯。安定鹑觚（今甘肃灵台）人。在著名的“牛李党争”中，是“牛党”的领袖人物。

唐德宗贞元二十一年（805年），牛僧孺登进士第。

唐宪宗元和三年（808年），与李宗闵、皇甫湜应贤良方正、能直言极谏科，得高第。三人策文指斥时政，触犯宰相李吉甫。结果，主考官和复审官都被贬谪；僧孺授伊阙尉，在唐宪宗元和朝不得志。后来，僧孺、宗闵与李德裕（吉甫子）等纷争数十年，起因就是这次科场案。

唐穆宗即位后，牛僧孺累迁户部侍郎，因拒绝宣武（今河南开封）节度使韩弘的贿赂，获得穆宗赏识。当时，李吉甫的政敌李逢吉为相，长庆二年（822年），逢吉排挤翰林学士李德裕出任浙西（今江苏镇江）观察使，引僧孺为同平章事。

唐文宗大和三年（829年），牛僧孺再次入相，李德裕外任郑滑（今河南滑县东）节度使。

唐武宗即位后，李德裕当权，牛僧孺被罢相，任太子少师。会昌四年（844年），又以交结泽潞（今山西长治）叛藩的罪名，贬为循州（今广东惠州）长史。宣宗即位后，“李党”尽被贬谪，大中元年（847年），僧孺复原官太子少师。同年卒。

赠　柳

章台[①]从[②]掩映，郢[③]路更参差[④]。

见说[⑤]风流极，来当[⑥]婀娜[⑦]时。

桥回[⑧]行欲断，堤远[⑨]意相随[⑩]。

忍[⑪]放花如雪[⑫]，青楼[⑬]扑酒旗。

◎注释

①章台：汉代京城长安的街名，街旁多柳，唐时称为“章台柳”。

②从：任从。

③郢：战国时楚国的国都，即今湖北江陵。

④参差：柳条垂拂繁茂的样子。

⑤见说：听说。

⑥来当：今天自己见到的时候。

⑦婀娜：妩媚多姿。

⑧桥回：桥向旁弯曲。

⑨堤远：长堤向远延伸。

⑩意相随：柳枝傍堤而去，遂意相随。

⑪忍：岂忍。

⑫花如雪：柳花似雪。

⑬青楼：古代歌舞宴饮的馆楼。

◎译文

章台柳色枝繁叶茂掩映着堤岸，
郢都路边的柳树更是纵横交错。
早就听人赞美过柳树风流至极，
如今来得正是柳枝婀娜多姿时。

曲折的小桥阻隔了向前的道路，
心绪却随着堤柳延伸到了远方。
柳树真忍心啊放出如雪的柳絮，
飘浮着飞舞着在青楼酒旗之间。

◎创作背景

此诗当为李商隐于唐宣宗大中元年（847 年）自长安赴桂林途中所作。前人认为此诗有本事，所咏的“柳”可能是个歌伎，因为诗中表现的是依依不舍的缱绻之情。冯浩认为系为洛阳歌伎柳枝所作。由于年代久远，别无旁证，真实情况，已难考知。

◎赏析

这首诗通过对柳的赞美，表达了诗人对繁华即尽后的凋零境遇的痛惜，可谓既是写柳，也似写人。此诗题为赠柳，实是咏柳，是诗人先咏后赠。

“章台从掩映，郢路更参差”，囊括了从京城长安到江滨江陵的各路柳色。这柳色从南到北，无处不在，绮丽千里。“从”与“更”以递进式的表达点明春意正闹，柳树生机勃勃的景象。“掩映”和“参差”是在写柳色明暗交接，柳条垂拂，繁茂动人的迷人景色。

“见说风流极，来当婀娜时”，描绘了柳枝妩媚动人. 春风拂过,如同美妙少女般翩然起舞,姿态引人遐想。诗人用“见说”表现了人们自古以来对柳色的热爱有加，又用“来当”表达对此时美景的欣赏之情。

“桥回行欲断，堤远意相随”，意在描绘诗人寻柳的场景。诗人被眼前盎然的春柳深深吸引，柳色一路牵引着他来到桥边，堤畔上的柳树正是飘絮时节，故而烟雾笼罩，朦胧动人，一眼寻去，却见这柳色快被隔断了。“堤远意相随”是说诗人的意绪仿佛随那如烟似梦的柳色向远方延伸。“行”与“意”对仗,“欲断”与“相随”对仗,“行欲断”但“意相随”,表现出作者高超的语言驾驭能力,和唯美的艺术表现功力。

“忍放花如雪,青楼扑酒旗”,指诗人心系柳色,紧紧相随,直至柳絮如花、青楼酒旗处。“忍”透露出诗人对春柳盛极之时的痛惜。尽管花飞如雪甚是美丽,但到繁华尽处是凋零!

全诗运用拟人手法,将“柳”当作人来描写,整首诗从广阔背景起笔,以生动的笔调描绘出春天柳色的秀丽可人、妩媚柔长;再以工整对仗的语言创造出优美的意境,言外之意不尽,似此似彼、亦即亦离,借咏寄思、耐人寻味,达到了咏物化境的最高境界。

◎轶闻异物录

酒　旗

酒旗,亦称酒望、酒帘、青旗、锦旆等,为中国的一种商业民俗,是古代酒店悬挂于路边用与招揽生意的用具。酒旗不仅是中国古代的一种商业民俗,更是一种最古老的广告形式。

酒旗在中国已有悠久的历史。《韩非子》载:“宋人有沽酒者……悬帜甚高。”“帜”就是酒旗。酒市有旗,始见于此。唐代以后,酒旗逐渐发展成为一种十分普通的市招,而且五花八门,异彩纷呈。酒旗在古时的作用,一般来说,大致相当于现在的招牌、灯箱或霓虹灯之类。在酒旗上署上店家字号,或悬于店铺之上,或挂在屋顶房前,或干脆另立一根望杆,扯上酒旗,让其随风飘展,非常醒目,使过往行人在很远处便能见到。

酒旗的标识一般用布(素、青)缝制而成,大小不一。上面大书“酒”字,或标以名酒,或书写店名,甚至有警语文句其上,如张择端的《清明上河图》中也有一面“孙羊正店”的酒招。

赠刘司户蕡[①]（fén）

江风扬[②]浪动云根，重碇[③]（dìng）危樯[④]白日昏。

已断燕鸿[⑤]初起势，更惊[⑥]骚客[⑦]后归[⑧]魂。

汉廷急诏[⑨]谁先入，楚路高歌[⑩]自欲翻[⑪]。

万里相逢欢复泣[⑫]，凤巢[⑬]西隔[⑭]九重门[⑮]。

◎注释

① 蕡：刘蕡（？—848），字去华，幽州昌平（今北京市昌平区）人，敬宗宝历二年（826 年）进士。

② 扬：《全唐诗》作“吹”。

③ 碇：系船的石礅。

④ 危樯：危船。

⑤ 燕鸿：鸿雁，比喻刘蕡有万里腾飞之志，且又澄清高洁，但不幸的是他刚刚展翅，就被狂风摧折了。

⑥ 更惊：意思是江风蔽日的景象惊动了刘蕡迟迟不归的魂灵。

⑦ 骚客：指刘蕡。

⑧ 后归：迟归。刘蕡被贬长达七年之久，所以这么说。

⑨ 汉廷急诏：指汉代朝廷曾急诏征回者，这里指贾谊被贬三年，终于被汉文帝召回长安，拜为梁怀王太傅。诏：一作“召”。

⑩ 楚路高歌：以屈原比刘蕡，屈原被放逐，乃赋《离骚》，所以为“楚路高歌”。高歌，形容诗情悲壮。

⑪ 翻：以旧曲制作新词。

⑫ 欢复泣：指两人在远离京城的地方重逢时，开始时是高兴，然后又由高兴转为悲泣。

⑬ 凤巢：比喻贤臣在朝。传说黄帝时，凤凰息于东园，或巢于阿阁。

⑭ 西隔：当时诗人在荆楚之地，长安位于荆楚西北，所以谓西隔。此句意指贤者皆被放逐远离朝廷的地方。

⑮ 九重门：指皇帝居住的地方。

◎译文

江风卷惊浪拍击着两岸悬崖峭壁，
危舟飘荡桅杆摇晃天空乌云重重。
像北国的鸿雁刚想起飞就被摧抑，
又像悲愤骚客远贬天涯惊魂难归。
哪有汉廷的急诏，把你提前召回，
只能像接舆那样佯狂而楚路高歌。
万里他乡与你相逢，我既喜又悲，
只可惜凤凰远在僻野遥望九重门。

◎创作背景

《赠刘司户蕡》作于唐宣宗大中二年（848 年）。刘蕡博学能文，性耿直，疾恶如仇，有澄清天下之志。唐文宗大和二年（828 年），刘蕡第试贤良方正，因论及宦官擅权误国得罪宦官后，被贬为柳州（今广西柳州）司户参军。李商隐对他非常推崇。唐宣宗大中元年(847 年)，诗人奉郑亚之命出使南郡和郑肃通好。次年正月南返时，与被贬去柳州的刘蕡在黄陵（今湖南湘阴）相遇，李商隐满怀对友人的同情和对宦官的痛恨写此诗相赠。

◎赏析

这首诗描写了刘蕡的坎坷遭遇，抒发了对刘蕡的深切同情和叹惋，既是真挚深切的友谊之歌，更是对当时腐朽政治的激情的控诉。

“江风扬浪动云根，重碇危樯白日昏”，描绘的既是两人相逢之地风浪蔽天、日昏舟危的景象，更渗透着诗人对时代政治环境的深切感受。诗一开头即显雄伟气魄,境界开阔。“江风”“浪动云根”“危樯”“白日昏”的景象象征着晚唐动荡险恶的局势。

“已断燕鸿初起势,更惊骚客后归魂”,描写刘蕡的坎坷遭遇。“已断”将刘蕡比作有万里翱翔之志的北国鸿雁,刚刚振翅就被狂风摧折,以此喻指刘蕡刚要在政治上奋飞高举即遭恶势力摧抑和扼杀的遭际。“更惊”把刘蕡比作受谗流放的屈原,因为遭受诬陷,远贬南荒,难归乡土。前一个“已”字,后一个“更”字,紧凑有力地把刘蕡以“对策”触怒小人和后来横遭贬谪——其生平遭际中的两件大事——联系起来。而且通过沉痛愤慨的笔调,表现出诗人对刘蕡之不平遭遇的扼腕叹息。

“汉廷急诏谁先入,楚路高歌自欲翻”,借用历史人物进一步抒写对刘蕡不畏险恶、追求高洁情操的赞赏、敬仰和同情。“谁先入”是对刘蕡“不得入”的同情和不平;“高歌”是刘蕡欲力抗王朝危亡而大声疾呼的勇敢选择。

“万里相逢欢复泣,凤巢西隔九重门”,描写友人相逢时悲喜交集的复杂心态。两个同具匡世济国之心和忧时愤世之感的文人朋友,在远离家乡、远离帝京的地方不期而遇,这次重逢,恰恰是在他们同患难之时(一个是因罪被贬;一个是因为受到腐朽势力的长期排挤而万里投荒),大体相同的坎坷命运和对国运的忧切,使这对知音在意外相逢时的刹那间,由“欢”而“泣”!“泣”是长期郁结于诗人胸中的悲愤情怀的抒发,其中不仅有对个人命运的嗟叹,更多的是为国运难扶的悲泣。凤巢被拒之九重门之外,其济国匡世之才志备受排挤,不为君王所接纳反而流贬远地,朝中奸臣当道,君王被蒙蔽视听,臧否不明,晚唐王朝正如“重碇危樯白日昏”那样岌岌可危。

整首诗语言雄浑、气势磅礴。诗人运用比兴手法勾画了刘悲剧遭遇的社会背景,体现了诗人对挚友的深切同情和理解。

名士刘蕡

刘蕡博学多才，精于研读《左氏春秋》。生性耿介，疾恶如仇。

唐敬宗宝历二年（826年），刘蕡考中进士。同年十二月，唐文宗李昂登基，他看到朝廷权纲废弛，宦官当权，神策军中尉王守澄害死了唐宪宗李纯，却经过穆宗李恒、敬宗李湛两朝，前后历时六年都未受到制裁，十分气愤。他想逐步剪除宦官支党，洗雪元和宿耻，但苦于身边缺少得力助手，就在文宗大和二年（828年）颁诏：举荐贤良方正。刘蕡平素关注朝政时局，对宦官手握兵权、横制海内、外胁群臣、内掣天子的乱政恶行，慨然有澄清之志。此次举荐贤良方正，文宗与刘蕡可谓不谋而合。刘蕡赶赴长安，写了一篇洋洋六千字余字的对策，指斥宦官乱政误国，痛陈兴利除弊的办法。在场的谏官、御史听到刘蕡的侃侃宏论，激动得涕泗横流，把他比作汉文帝时的晁错和汉武帝时的董仲舒，纷纷奏请朝廷重用刘蕡。但是第策官左散骑常侍冯宿、太常寺少卿贾餗、库部郎中庞严畏惧宦官的权势，暗中将刘蕡的对策压了下来。

此次举荐贤良方正，登科者二十二人，考官未敢录取刘蕡，社会舆论掀起轩然大波。同来应试者、河南府参军李郃为此愤愤不平，说："刘蕡下第，我辈登科，实厚颜矣。"遂上疏，请以所授官职让于刘蕡，被朝廷拒绝。文宗皇帝此时登基不久，恐怕为任用刘蕡一事得罪宦官，危及自己的帝位，竟然违背了举荐贤良方正的初衷，坐失国家栋梁。

应试归来的七年中，刘蕡的处境十分艰难，但他早将生死置之度外，泰然处之，始终不肯向宦官们的淫威屈服。大和九年（835年），封疆大吏、山南东道节度使令狐楚、山南西道节度使牛僧孺相继把刘蕡接到兴元和襄阳，延聘他为幕府，授予秘书郎之职。刘蕡不久被宦官们诬告而遭贬。客死浔阳。

唐昭宗李晔登基清洗了祸国乱政的宦官，缅怀前朝忠臣舍命报国的义举，追刘蕡为右谏议大夫、谥文节、封昌平侯，寻访其子孙授以官职。

哭刘蕡（fén）

上帝深宫①闭九阍②，巫咸③不下问衔冤。

黄陵④别后春涛隔⑤，湓（pén）浦⑥书⑦来秋雨翻。

只有安仁⑧能作诔⑨（lěi），何曾宋玉解招魂⑩。

平生风义⑪兼师友，不敢同君⑫哭寝门⑬。

◎注释

①深宫：一作"深居"。

②九阍：九重宫门，指帝宫深、遥。《离骚》："吾令帝阍开关兮，倚阊阖而望予。"

③巫咸：传说中的古代神巫，指朝廷不派人来了解刘蕡的冤枉。《甘泉赋》："选巫咸兮叫九阍，开天庭兮延群神。"

④黄陵：在今湖南湘阴县北。《全唐诗》作"广陵"。

⑤春涛隔：意思是从去年黄陵别后，刚好历时一年时间。当时李商隐在长安，与刘蕡所处之地遥隔大江，故云"春涛隔"。

⑥湓浦：指江州，即浔阳，今江西九江。《庐山记》："江州有青盆山，故其城曰湓城，浦曰湓浦。"刘蕡可能卒于此地。

⑦书：此指讣书。

⑧安仁：西晋潘岳的字，他长于写作哀诔文。

⑨诔：古代叙述死者生前事迹，表示哀悼的文体。

⑩招魂：《楚辞》篇名。

⑪风义：风度节义，意思是以交情而论，我们是朋友；但以风骨气节而论，我则敬您为师长。

⑫同君：与您一样，作为同辈。

⑬寝门：内室的门。《礼记·檀弓上》载：孔子说："师，吾哭诸寝；朋友，吾哭诸寝门之外。"即师重于友之意。这里李商隐的本意是说自

己因为敬重刘蕡的为人，而不敢与刘蕡以朋友的身份自居，而是把他当作自己的“师者”来对待，所以说自己不敢自居于朋友之列而在寝门以外哭吊他。这里似乎是诗人把孔子的本意用反了。

◎译文

高高在上的天帝紧闭着天门，
他不会派巫神来问您的冤情。
去春黄陵一别惟见江水滔滔，
等来的竟是您客死浔阳噩耗。
此时的我只能空作哀诔之文，
却无招魂之术让您起死回生。
您的高风亮节于我亦师亦友，
我只能在寝外哭悼您的亡灵。

◎创作背景

此诗当作于唐宣宗大中三年（849 年），为李商隐初闻刘蕡病故的噩耗而作。刘蕡的卒年，史籍没有明确记载。冯浩《李商隐年谱》定在唐武宗会昌二年（842 年），刘学锴、余恕诚《李商隐诗歌集解》则定在唐宣宗大中三年（849 年）秋。

关于这首诗中“黄陵”，在中华书局出版《全唐诗》中作“广陵”。广陵，即我国古代郡名，西汉时始置。唐高祖武德九年（626 年），广陵郡复称扬州。唐玄宗天宝元年（742 年），改称广陵郡。据李商隐《哭刘司户蕡》诗中有“去年相送地，春雪满黄陵”句，说明李商隐当年与刘蕡见面的地方是黄陵，而不是广陵。而且，刘蕡被贬为柳州（今广西柳州）司户参军，他去柳州时，也不可能绕道到地处江苏扬州的广陵。况且，广陵在江苏扬州，与地处湖南湘阴的古黄陵相距约九百公里。按当时交通条件，李商隐也不可能与刘蕡在广陵相遇。

◎赏析

此诗对挚友含冤被贬客死他乡表现出深深的悲恸，通过对亡友的伤悼，宣泄了诗人内心对朝廷的失望与痛心，也表达了诗人对国家前途的担忧，对黑暗政治的强烈抗议。

“上帝深宫闭九阍，巫咸不下问衔冤”，诗人描写了一幅昏暗阴冷的图景，寓言刘蕡被冤贬的情景，实际上是对被冤贬的刘蕡所处的现实政治环境一种象征性描写。形象鲜明，感情强烈，诗人的矛头，直接指向昏聩、冷酷的“上帝”，笔锋凌厉，情绪激愤，使这首诗一开始就笼罩在一种疾风骤雨式的气氛中。

“黄陵别后春涛隔，湓浦书来秋雨翻”，从去年春天的离别写到今秋的突闻噩耗。唐宣宗大中二年初春，两人在黄陵离别后一直没再见面，故说“黄陵别后春涛隔”。第二年秋天，刘蕡的死讯从浔阳传来，故说“湓浦书来秋雨翻”。这两句融叙事、写景、抒情为一体，具有鲜明而含蕴的意境和浓烈的感情色彩。“春涛隔”，既形象地显示了别后江湖阻隔的情景，且含蓄地表达了因阻隔而引起的深长思念；“春涛”的形象，更赋予这种思念以优美丰富的联想。“秋雨翻”，既自然地点明听到噩耗的时间，又烘托出一种悲怆凄凉的气氛，使诗人当时激愤悲恸与凄冷哀伤交织的情怀，通过具体可感的画面形象，得到了极富感染力的表现。两句一写生离，一写死别，生离的思念更衬出死别的悲伤，诗人的感情先由上联的激愤沉痛转为纤徐低徊，又由纤徐低徊转为悲恸激愤而波澜起伏。

“只有安仁能作诔，何曾宋玉解招魂”，诗人以擅长作哀诔之文的西晋作家潘岳（字安仁）和“怜哀屈原忠而斥弃”而作《招魂》的宋玉自喻，说自己只能写哭吊的诗文深致哀悼，却无法招其魂魄使之复生。两句一正一反，相互映衬，有力地表达出诗人悲痛欲绝而又无可奈何的心境。

“平生风义兼师友，不敢同君哭寝门”，正面点出题中的“哭”字。刘蕡敢于和宦官斗争的精神和耿直的品质，使他在士大夫和知识分子中获得很高的声誉和普遍的崇敬，诗人和刘蕡之间有多年的友谊，而刘蕡的风采节概又足以为己师表，所以诗人说“平生风义兼师友”。《礼记·檀弓上》说，死者是师，应在内寝哭吊；死者是友，应在寝门外哭吊。诗人尊刘蕡如师，所以说不敢与刘蕡居同列而哭于寝门之外。这两句表达了诗人对刘蕡的深挚情谊和由衷钦仰，也显示了这种情谊的共同思想和政治基础，正因这样，这首哭吊朋友的诗，其思想意义就远超一般友谊的范围，而具有鲜明的政治内容和强烈的政治批判色彩，诗人的悲痛、愤慨、崇敬与同情也就不只属于他个人，而具有普遍的社会意义。

全诗语言朴实但笔力遒劲，风格悲壮而情感真切，既伤悼朋友，又为之鸣冤，深情而正义，感人肺腑。

◎轶闻异物录

诔　文

诔文，文体名，又称“诔辞”“诔状”“诔词”等，是哀祭文的一种，叙述死者生平，相当于如今的致悼词或哀悼文章。

作为古代丧葬礼仪上用的一种文体，诔文起源于西周的赐谥制度，它的存在依附于制谥的目的。西周形成了官谥官诔的传统。周天子时代，国之大事在祀与戎。《周礼》:“太祝作六辞，以通上下亲疏远近，六曰诔”。北齐颜之推的《颜氏家训·文章》也指出:“祭祀哀诔，生於《礼》者也。”

其后的周代统治者为了巩固其宗法礼教，特别重视厚葬，王公贵族卿大夫死后，要在祖庙前举行祭奠仪式，由史官宣读诔辞，以表死者功绩，并确定其谥号。于是，诔也就成为古代哀祭文的早期形式。

现存最早的诔辞，为《左传·哀公十六年》所载鲁哀公的《孔子诔》:“鲁哀公十六年四月，孔子卒，公诔之曰:‘旻天不吊，不来犬心遗一老，俾屏予一人以在位，茕茕予在疚！呜呼，哀哉，尼父！’此即所谓诔辞也。”

哭刘司户蕡[①]（fén）

路有论冤谪，言[②]皆在中兴[③]。
空闻迁[④]贾谊[⑤]，不待[⑥]相孙弘[⑦]。
江阔惟回首[⑧]，天高但抚膺[⑨]（yīng）。
去年相送地，春雪满黄陵[⑩]。

◎注释

① 刘司户蕡：指刘蕡。

② 言：指刘蕡应贤良方正试所作的策文。

③ 中兴：中途振兴；转衰为盛。

④ 迁：在这里是升迁之意。

⑤ 贾谊：西汉著名的政论家、文学家，力主改革弊政，提出了许多重要政治主张，却遭谗毁，被贬为长沙王太傅，后来汉文帝又把他召回京城，任文帝爱子梁怀王太傅，常向他询问政事。

⑥ 不待：用不着，不用。《尹文子·大道上》："善人之与不善人，名分日离，不待审察而得也。"

⑦ 孙弘：即公孙弘，汉武帝时初为博士，一度免归，后又举为贤良文学，受到重用，官至丞相，封平津侯。

⑧ 回首：回头看。汉司马相如《封禅文》："昆虫闿怿，回首面内。"

⑨ 抚膺：抚摩或捶拍胸口，表示惋惜、哀叹、悲愤等。《列子·说符》："昔人言有知不死之道者，燕君使人受之，不捷，而言者死……有齐子亦欲学其道，闻言者之死，乃抚膺而恨。"

⑩ 黄陵：地名，在今湖南省湘阴县北，滨洞庭湖。传说舜二妃墓在其上，有黄陵亭、黄陵庙。

◎译文

行路的人们都在议论您的冤情，
您的言论全是为着国家的中兴。
白白听说昔年贾谊被召回任用，
已等不到公孙弘那样拜相高升。
隔着辽阔的大江唯有频频回首，
仰视高远的苍天只能痛苦抚膺。
想起去年我和您依依惜别之地，
那时候纷飞的春雪正洒满黄陵。

◎创作背景

此诗作于唐宣宗大中三年（849 年），唐文宗大和二年（828 年），刘蕡应贤良方正直言极谏科考试，在策文中痛斥宦官专权，引起强烈反响。考官慑于宦官威势，不敢录取。后来令狐楚、牛僧孺均曾表蕡幕府，授秘书郎，以师礼待之。而宦官深恨刘蕡，诬以罪，贬柳州司户，卒于浔阳。对刘蕡遭贬谪而冤死，李商隐是极为悲痛的。刘蕡死讯传来，李商隐在长安写下此诗表示哀悼。

◎赏析

这首诗通过叙写冤谪而死以及诗人痛哭的情状，表现出诗人对刘蕡之死极其悲痛表现出悲痛，反映了诗人对宦官诬陷刘蕡的痛恨，对朝廷软弱昏庸的谴责。

“路有论冤谪，言皆在中兴”，诗先不写自己的看法，而是从引述旁人的议论落笔，借路人之口谈论冤谪，自然比直说更加有力。言“中兴”而遭“冤谪”，可见蒙冤之深，难怪路人也在为之不平了。表达了诗人对宦官的痛恨、对朝廷谴责。

“空闻迁贾谊，不待相孙弘”，借引贾谊与公孙弘两个历史人物写诗人对刘蕡之死的痛惜，用典妥帖。“空闻”“不待”顿挫有力，透出诗人深深的怅惋痛惜之情。

“江阔惟回首，天高但抚膺”，写诗人痛哭情状。诗人视刘蕡为“师友”，而刘蕡竟死于冤屈，不能不使诗人伤心痛哭。“惟回首”遥隔大江，只有频频回首南望，对空洒泪。“但抚膺”天高难问，沉冤难诉，死不复生，惟有捶胸痛哭。

“去年相送地，春雪满黄陵”，回想起一年前与刘蕡在黄陵相遇相别的情景，诗人在长恸之后，痛定思痛，痛如何哉！“春雪满黄陵”既烘托二人相别时的悲凄心情，且与诗人写此诗时悲痛欲绝的心境融为一体，留下的是述说不尽的哀思。

这首诗通篇都浸透着诗人的泪水，贯穿着一个“哭”字：始是呜咽悲泣，随后是放声痛哭，继而是仰天悲号，最后又变为抽噎饮泣。读完全诗,仿佛诗人的哭声萦绕在耳际,久久不绝。

诗作中诗人把叙述、议论、抒情三者结合在一起，使公义私情都得到了充分地表现，从而增强了诗的艺术感染力。

◎轶闻异物录

贤良方正科

贤良方正是汉代选官取士的科目之一。唐宋沿用,设“贤良方正科”。

汉代察举贤良属于特举，具体名称不固定，一般称贤良方正，或贤良文学。

汉代察举贤良方正始于汉文帝二年（前 178 年），此后，两汉屡有诏举贤良方正之令。察举贤良是依照皇帝诏令的规定，由公卿诸侯王、郡守等高级官吏举荐，送至朝廷，皇帝亲自过问，分别高下，授以官职。有时一策即毕；有时还有二策、三策，如董仲舒即连对三策，而授以江都相。每诏贤良对策者常达百数人。在汉代所有察举科目中，皇帝对贤良方正一科极为重视。昭帝以后也有不经策问而直接授官者。

汉代诏举贤良方正或贤良文学，主要是表示广开直言之路。

北齐二首

其一

一笑相倾[①]国便亡，

何劳荆棘[②]始堪[③]伤。

小怜[④]玉体横陈夜，

已报[⑤]周师入晋阳[⑥]。

其二

巧笑[⑦]知堪敌万几[⑧]，

倾城最在著戎衣。

晋阳[⑨]已陷休回顾，

更请君王猎一围。

◎注释

① 一笑相倾：《汉书·外戚传》李延年歌曰："北方有佳人，绝世而独立。一顾倾人城，再顾倾人国。"

② 何劳荆棘：晋时索靖有先识远量，预见天下将乱，曾指着洛阳宫门的铜驼叹道："会见汝在荆棘中耳！"

③ 堪：一作"悲"。

④ 小怜：冯淑妃，北齐后主高纬宠妃。

⑤ 已报：《北齐书》载：武平七年，北周在晋州大败齐师，次年周师攻入晋阳（今山西太原）。此事与小怜进御时间相距甚远，此剪缀一处为极言色荒之祸。

⑥ 晋阳：的别都和实际行政中心，是中国古代北方著名的大都会之一，故址在今晋源区及附近一带，始建年代不详，最早出现在史书中的年代是公元前 497 年，作为赵国都城、后唐为西京和北京。

⑦ 巧笑：《诗 · 卫风 · 硕人》："巧笑倩兮，美目盼兮。"

⑧ 万几：万机，指君王纷杂政务。

⑨ 晋阳：《北史 · 后妃传》载："周师取平阳，帝猎于三堆。晋州告急，帝将还。淑妃请更杀一围，从之。"所陷者系晋州平阳，非晋阳，作者一时误记。

◎译文

其一

一旦迷于美色便是种下亡国祸根，
不用到宫殿长满荆棘才开始悲伤。
拥着美人的玉体尽情销魂的夜晚，
北周军队进占晋阳的战报已传来。

其二

甜甜的笑足以抵过君主日理万机，
在后主眼中着戎装的淑妃最美丽，
晋阳被攻陷的消息远抛后主脑后，
他还要陪同冯妃重新围猎一次呢。

◎创作背景

这两首诗大约创作于唐武宗在位后期，约在三年（843 年）至六年（846 年）间。

唐文宗开成五年（840 年），唐文宗病重，宦官将领仇士良和鱼弘志矫诏废黜皇太子李成美，拥立李瀍（李炎）为帝。唐文宗去世后，唐朝第十六位皇帝唐武宗（唐穆宗李恒第五子，唐敬宗李湛和李昂异母弟）李瀍即位为帝，年号会昌。唐武宗在位期间知人善任，倚重宰相，澄清吏治，发展经济，改革积弊，削弱宦官、藩镇和僧侣地主的势力，加强了中央集权，一度呈现中兴局面，史称“会昌中兴”。但唐武宗后期喜畋猎，宠女色。诗人从关心国家命运出发，借北齐亡国事预作警戒，创造了这组诗。

◎赏析

这两诗通过讽刺北齐后主宠幸冯淑妃这一荒淫亡国的史实，借古鉴今，表现出诗人对国家命运的关切。

“一笑相倾国便亡，何劳荆棘始堪伤”，以议论发端，讽刺“无愁天子”高纬荒淫的生活。虽每句各用一典故，却不见用事痕迹。“一笑”暗用周幽王宠褒姒而亡国的故事，“荆棘”引典照应国亡之意。这两句意思一气蝉联，说的是荒淫即亡国取败的先兆。

“小怜玉体横陈夜，已报周师入晋阳”，这两句撇开议论，展开形象画面的描写，写北齐亡国情景。公元577年，北周武帝攻破晋阳（今山西太原），向齐都邺城进军，高纬出逃被俘，北齐遂灭。“小怜玉体”与“一笑相倾”相呼应，描写北齐后主荒淫亡国的史实。

“巧笑知堪敌万几，倾城最在著戎衣”，这两句是冷嘲，是不议论的议论。作者把对昏君亡国的议论之辞完全融于形象描写之中，可以说是冷嘲，是不议论的议论，是极其巧妙地痛斥了把强大的敌国忘记在九霄云外的昏君。“巧笑”与“万几”是运用反语来讽刺高纬的昏昧。

“晋阳已陷休回顾，更请君王猎一围”，两种画面的对照，把“晋阳已陷”的时局与“更请君王猎一围”的荒唐行径作对比，一面是十万火急，形势严峻；一面却是视若无睹，围猎兴浓，有力地表明当事者处境的可笑可悲，不着一个“骂”字，却把昏君的荒淫无道骂个狗血喷头。

这两首诗在艺术表现手法上的共同特点是语言精练、对比鲜明，融议论于形象之中，在形象画面之间运用强烈的对比色彩，从而获得含蓄有力的表现效果，具有极强的艺术魅力。

◎轶闻异物录

冯小怜

冯小怜（？—580？），北齐后主高纬的嫔妃，原是高纬的皇后穆邪利身边的侍女。穆邪利失宠后，将冯小怜进献给高纬，高纬封冯小怜为淑妃。冯小怜聪明灵巧，善弹琵琶，精于歌舞，深得高纬宠幸，与高纬坐时同席，出则同乘。

高纬后立冯小怜为左皇后，公元577年，北齐灭亡，冯小怜与高纬被周军押解到长安。同年，高纬被杀，冯小怜被北周武帝宇文邕赐给代王宇文达，很受宇文达宠爱。宇文达妃李氏与冯小怜争宠，冯小怜中伤李氏，几乎将李氏害死。

隋文帝开皇元年（581年），杨坚代周建隋，冯小怜又再次成为俘虏。隋文帝又把冯小怜赐给李氏的哥哥李询，李询命令她穿着粗布衣裙、舂粮食。李询的母亲知道冯小怜曾迫害过自己的女儿，乘机进行报复，令她自杀而亡。

暮秋独游曲江[①]

荷叶生时春恨生[②]，

荷叶枯时秋恨成。

深知[③]身在情长在，

怅望[④]江头江水声。

◎注释

①曲江：曲江池，在今陕西省西安市东南。唐高适《同薛司直诸公秋霁曲江俯见南山作》诗：“南山郁初霁，曲江湛不流。”

②春恨生：指春愁，春怨。唐杨炯《梅花落》诗：“行人断消息，春恨几徘徊。”生：一作“起”。

③深知：十分了解。汉扬雄《法言·问道》：“深知器械舟车宫室之为，则礼由已。”

④怅望：惆怅地看望或想望。唐杜甫《咏怀古迹五首》之二：“怅望千秋一洒泪，萧条异代不同时。”

◎译文

荷叶初生的时候春恨已生，荷叶枯萎的时候秋恨又成。

只要身在情意就地久天长，我的惆怅只有江水能知情。

◎创作背景

唐宣宗大中五年（851年）秋李商隐妻王氏病故。是年秋冬之际，李商隐赴东川节度使柳仲郢幕府共五年，大中十年（856年）冬，柳仲郢被命入朝，李商隐随柳返京，第二年春天早些抵达长安。大中十二年（858年）春，李商隐病殁于郑州。由此推算此篇应是李商隐于大中十一年（857年）秋暮独游曲江所作。

关于此诗悼念的对象有两种意见，冯浩《玉溪生诗集笺注》以为是艳情，不入编年。张采田《玉溪生年谱会笺》曰：“此亦追悼之作，与《赠荷花》等篇不同，作艳情者误。”认为是诗人悼念亡妻王氏所赋。

◎赏析

这首诗作者通过描写荷叶的“生”与“枯”，暗示人生的变化，感叹尽管自己此身尚存、此情长在，无奈逝者已矣，表达了对逝者的无限怀念。

“荷叶生时春恨生，荷叶枯时秋恨成”，诗一开头就用缓慢沉重的语气喃喃诉说起作者内心的憾恨。二句七字中有四字重复，读来自有回环往复、似直而纡的情韵，诗人把无情的曲江荷叶化为有情之物，仿佛荷叶的春生、秋枯都与诗人的哀思有关。句中“生时春”“枯时秋”“恨生”“恨成”映衬对比，丰富了诗的内涵，使诗歌在语气、字句、修辞诸方面无不恰到好处地表达出悼亡的沉痛感情。

“深知身在情长在”，将前两句所蕴含的绵绵深情推向无以复加的诗境，其一往情深之情有如其《无题》诗中“春蚕到死丝方尽，蜡炬成灰泪始干”的至情至臻的境界。

“怅望江头江水声”，诗人似乎在怅望水声，深刻地反映了他内心的怅恨茫然。“江头”“江水声”是其听觉、视觉、感觉的交融沟通。诗人伉俪情深，却为着仕途生计夫妻常常分离，妻子中年病逝给诗人留下太多太大的憾恨，所以诗人用“怅望江头江水声”来抒发内心的哀思，表达出诗人对亡妻的思念如曲江之水滔滔悠悠绵绵无绝。

整首诗用词考究、格调凄婉，感怆悲凉、情思缠绵，把诗人的无限哀痛表达得淋漓尽致，令人叹惋。

◎轶闻异物录

曲　江

曲江是中国古代园林及建筑艺术的集大成者，被誉为中国古典园林的先河之一。秦时，在此开辟了皇家禁苑——宜春苑，并建有著名的离宫——宜春下苑。

隋文帝开皇三年（583 年），文帝正式迁入新都。隋文帝恶其“曲”字，于是命令高颖（隋文帝宰相）为园林更名。一天晚上高颖忽想起曲江池中莲花盛开，异常红艳，莲花雅称芙蓉，遂更曲江为“芙蓉园”。经过隋初的一番改造，曲江重新以皇家园林的性质——芙蓉园出现在历史舞台，

隋炀帝时代，黄衮在曲江池中雕刻各种水饰，臣君坐饮曲池之畔，享受曲江流饮，把魏晋南北朝的文人曲水流觞故事引入了宫苑之中，给曲江胜迹赋予了一种人文精神，为唐代曲江文化的形成和发展奠定了基础。

在唐太宗出现贞观之治后，其后的高宗、睿宗等朝，园林建设在这里开始有了较大的举动，奠定了盛唐文化繁荣的基础。

唐玄宗对曲江进行了大规模扩建，使其盛况空前绝后，达到了其园林建设的顶点。在皇家禁苑芙蓉园内，玄宗修建了紫云楼、彩霞亭、临水亭、水殿、山楼、蓬莱山、凉堂等建筑，并建了从大明宫途经兴庆宫直达芙蓉园的夹城（长七千九百六十，宽五十米）。经过唐玄宗的扩建，芙蓉园内宫殿连绵，楼亭起伏，曲江的园林建筑达到最高境界，各类文化活动也趋于高潮。

随着唐末长安城的毁灭，其各种园林建筑也被破坏殆尽，各项文化活动也逐渐沉寂下去，以至于有些最终消逝，无法追寻。

菊

暗暗淡淡紫，融融①冶冶②黄。

陶令③篱边色，罗含④宅里香。

几时禁⑤重露⑥，实是怯⑦残⑧阳。

愿泛⑨金鹦鹉⑩，升⑪君白玉堂⑫。

◎注释

①融融：光润的样子。

②冶冶：艳丽的样子。

③陶令：指陶渊明，因其主彭泽县做过县令，故称陶令。

④罗含：字君长，号富和，东晋桂阳郡耒阳（今湖南耒阳市）人。博学能文，不慕荣利，编苇作席，布衣蔬食，安然自得。被江夏太守谢尚赞为“湘中之琳琅”。桓温称之为“江左之秀”。官至散骑廷尉。年老辞官归里，比及还家，阶庭忽兰菊丛生，时人以为德行之感。

⑤禁：禁受，承当。

⑥重露：指寒凉的秋露。

⑦怯：胆怯、担心。

⑧残：一作“斜”。

⑨泛：指以菊花浸酒。

⑩金鹦鹉：金制的状如鹦鹉螺的酒杯。

⑪升：摆进。

⑫白玉堂：指豪华的厅堂，出自《古乐府·相逢行》：“黄金为君门，白玉为君堂。”此处暗指朝廷。

◎译文

暗暗的淡淡的紫色菊花，鲜鲜的艳艳的黄色菊花。

有陶渊明篱边菊花之色，又有罗含宅中菊花香味。

菊花从不怕浓重的露水，可是却害怕夕阳的来临。

愿将菊花留在鹦鹉杯中，更愿到富人家的酒宴上。

◎创作背景

唐文宗四年（839 年），李商隐通过吏部考试，释褐授官，做秘书省校书郎，但他在秘书省仅几月就被调到地方担任宏农县尉（今河南省灵宝市）。李商隐到任不久因把狱中死囚改判成活罪，触犯了观察使，被罢官。但又正碰上代孙简任观察使，姚合与李商隐关系较好，又让李商隐还任。李商隐内心深处对自己屈居县尉一事始终不快，又遭受这次罢官打击，就更不甘久居，一心想入朝任职。开成五年（840 年），他的岳父入朝为官，他便告假携眷到长安居住，以求汲引。此年九月四日，为谋求新的出路，他又辞去宏农县尉。到唐武宗四年（844 年），在杨弁之乱过后，他又移家永乐（今山西芮城县）。他自述此时自己“遁迹丘园”“前耕后饷”“渴然有农夫望岁之志”（见《重祭外舅司徒公文》）。这首诗即作于此时。

◎赏析

这首诗作者托物言志，以菊花自况，暗含自己希望被朝廷赏识之意。这诗虽是咏菊，但句句自况，物我交融，写得清绮秀逸，意思醒豁。

“暗暗淡淡紫，融融冶冶黄”，描绘菊花可爱的姿色。“暗暗”真实地写出词人对紫菊的观感，表明色彩并不明丽。“淡淡”又写明其色浅浅也不浓艳。“暗”与“淡”重叠使用，生动而逼真地刻画出紫色菊花的淡雅风姿。“融融”即和暖，这两个字用得极为精妙，在诗人的感觉中菊花的颜色仿佛有了温度，这是诗人在视觉里获得了触觉的感受。“冶冶”形容菊花明艳柔美的姿态。

“陶令篱边色，罗含宅里香”，诗人借用两个典故把菊花颜色的描写引申了一步，称赞他所见的菊花同陶渊明东篱下的菊花一样美，有着罗含宅中菊花一样的芳香，抬高了诗人所见菊花的地位与品格。李商隐此处引出“陶令篱边”菊和“罗含宅里”菊，其主旨不在菊花本身，而是以这两个人自况。

“几时禁重露，实是怯残阳”，明里继续写菊，暗则有所寄托。“禁”“重露”指菊花开在风重霜浓之时，更显出其高洁的独特品格。“怯残阳”，诗人借菊写自己内心的隐忧，说害怕夕阳西下黑天的到来，是别有寄托。诗人一生屡遭挫折，仕途失意，但这并没有让诗人彻底失望，他依然在担心时不我待，虚度了年华，抱负不能施展。这二句虽有迟暮之感，但仍可看到诗人永不言败的意志。

“愿泛金鹦鹉，升君白玉堂”，这两句诗字面上是把菊花人格化了，菊花希望被浸在金杯之中，被送到白玉堂上为贵人所用，而实际则表现出诗人依然期望入朝做官的心理，只是诗人在借菊花之口委婉地表达了出来。

这首诗中，李商隐用典信手拈来，不着痕迹；语言清绮秀逸，意境醒豁旷达。

◎轶闻异物录

陶渊明

陶渊明（352或365—427），字元亮，又名潜，私谥“靖节”，世称靖节先生，浔阳柴桑（今江西省九江市）人。东晋末至南朝宋初期伟大的诗人、辞赋家。曾任江州祭酒、建威参军、镇军参军、彭泽县令等职，最末一次出仕为彭泽县令，八十多天便弃职而去，从此归隐田园。他是中国第一位田园诗人，被称为“古今隐逸诗人之宗”，有《陶渊明集》。

悼伤[①]后赴东蜀[②]辟至散关[③]遇雪

剑外[④]从军[⑤]远，无家与寄衣。

散关三尺雪，回梦旧鸳机[⑥]。

◎注释

① 悼伤：悼亡，指丧妻。

② 东蜀：东川，治所在梓州（今四川三台县）。

③ 散关：又称大散关，在今陕西宝鸡市西南。

④ 剑外：剑阁之外。剑阁在今四川剑阁县北。

⑤ 从军：指赴节度使幕。

⑥ 鸳机：刺绣的工具。

◎译文

我就要到剑阁外任职，路途很遥远，
没有家了你也再不能给我寄寒衣来。
大散关的皑皑白雪足足厚有三尺深，
往事如梦不由忆起你为我弄机织衣。

◎创作背景

唐宣宗大中五年（851 年）夏秋之交，王氏突然病逝，李商隐万分悲痛。这年冬天，他应柳仲郢之聘，从军赴东川（治所梓州，今四川三台县）。这首诗就写于离家赴蜀的途中。

◎赏析

这首诗诗人通过描写自己即将离家远行而再也没有妻子为自己寄送棉衣，回忆起妻子在世时为自己所做的一切，感伤万分，表达出诗人对妻子的一片哀思。

“剑外从军远”，交代了离家的原因以及此去路程的遥远。

“无家与寄衣”，说明妻子已经逝去了，自己已经没有家的感觉。一个“无家”反映出妻子在诗人心目中的地位，读来让人不免为之伤心落泪，那么，诗人内心深处的那份孤独与伤痛又是何等的深重，自是不言而喻。诗人没有直接描写思念妻子的字句，而是采用细节来表现自己绵绵的伤痛和对妻子的无限思念。

“散关三尺雪”，说明行至散关，雪已经下得很厚了，寒冷的天气更加怀念起昔日妻子对自己的照顾与关心了。

“回梦旧鸳机”，回想起与妻子在一起的时候，妻子在织机上为自己织锦衣的情景，更不觉悲从中来，寒自心起。而最后一句温暖的场景，与前面的交相辉映，愈显诗境的悲凉。

全诗短短二十个字，道尽了作者孤独的处境和苦痛的情思，以及仕途的坎坷、行役的艰辛。

整首诗短小洗练，却层层推进；语言质朴，而情深意绵；格调忧伤，但悲中见温暖。可见诗人高度凝炼的艺术功力。

◎轶闻异物录

大散关

大散关为周朝散国关隘，位于今宝鸡市南郊秦岭北麓，自古为“川陕咽喉”，兵家必争之地，故称散关。

散关是一个交通枢纽，具有很重要的战略位置。秦汉时期（前206年），刘邦“明修栈道，暗度陈仓”就从这里经过。三国时期，曹操西征张鲁亦经由此地。据陈寿《三国志》记载：“（建兴六年）春，亮复出散关，围陈仓，曹真拒之。”

大散关因重要的战略地位，自古以来是关中四大门户（东有函谷关、南有武关、西有大散关、北有萧关）之一。不仅如此，因它特殊的地理位置，从古到今，又是文人墨客、达官贵人及普通老百姓游览之地。据传“老子西游遇关令尹喜于散关”，授《道德经》一卷。曹操过大散关留下了《晨上大散关》的诗。唐代王勃、王维、岑参、杜甫、李商隐等，特别是宋代陆游、苏东坡有关大散关的诗最多，影响也最大。

流　莺[1]

流莺漂荡复参差[2]，

渡陌临流不自持[3]。

巧啭[4]（zhuàn）岂能无本意，

良辰未必有佳期[5]。

风朝露夜阴晴里，

万户千门[6]开闭时。

曾苦伤春不忍[7]听，

凤城[8]何处有花枝[9]。

◎注释

①流莺：指漂荡流转、无所栖居的黄莺。

②参差：参差，本是形容鸟儿飞翔时翅膀张敛振落的样子，这里用作动词，振翅飞翔。

③不自持：不能自主，无法控制自己。

④啭：鸟婉转地鸣叫。

⑤佳期：美好的时光。南朝·齐·谢朓《晚登三山还望京邑》诗："佳期怅何许，泪下如流霰。"

⑥万户千门：《汉书·郊祀志》："作建章宫，度为千门万户。"《汉书·东方朔传》："起建章宫，左凤阙，右神明，号千门万户。"

⑦不忍：一作"不思"。

⑧凤城：此借指京城长安。冯注引赵次公注杜诗："弄玉吹箫，凤降其城，因号丹凤城。其后曰京师之盛曰凤城"。

⑨花枝：指流莺栖息之所。此句言凤城虽有花枝，而流莺难以借寓，故有伤春之苦吟，而令人不忍卒听。

◎译文

流莺拍着翅膀飘荡上下翻飞；
越过小路临近河边无法自持。
美妙地鸣啭怎么能没有本意？
碰到了良辰也未必就有佳期。
鸣叫在朝霞漫天或阴霾之日，
婉转在千家万户开门闭门时。
我曾经苦于伤春而不忍再听，
京城里哪有可以栖息的花枝？

◎创作背景

此写作年份不易确定。张采田《玉溪生年谱会笺》：此诗为唐宣宗大中三年（849 年）春长安之作。从诗中写到“漂荡”“巧啭”和“凤城”来看，可能是“远从桂海，来返玉京”以后所作。

◎赏析

这首诗作者借流莺暗喻自身，寄托身世之感，抒写自己漂泊无依、抱负难展、佳期难遇的苦闷之情。

“流莺漂荡复参差，渡陌临流不自持”，描写了流莺的飘荡无依。诗的开头两句正面重笔写“流”字：流莺这样不停地漂泊、飞翔，究竟是为什么呢？又究竟要漂荡到何时何地呢？诗人对此不作正面交代，只淡淡接上“不自持”三字，暗示出流莺根本无法掌握自己的命运，仿佛是被某种无形的力量控制着。诗人用流莺的漂荡比喻自己辗转幕府的生活；用“不自持”三字描述自己独特的心理感受，把读者的思绪引向“漂荡复参差”悲剧身世后面的社会原因，从而深化了诗的意境。

“巧啭岂能无本意，良辰未必有佳期”，便进一步通过对流莺另一特点—— 巧啭的描写，来展示它的内心苦闷。如果说，流莺的漂泊是诗人飘零身世的象征，那么流莺的巧啭便是诗人横溢才华的生动比喻。它的独特之处，就在于强调巧啭中寓有不为人所理解的“本意”，这“本意”可以是诗人的理想抱负，也可以是诗人所抱的某种政治遇合的期望。“巧啭”强调诗人不被理解，没有知音的苦闷。“岂能”和“未必”，一纵一收，一张一弛，将诗人不为人所理解的满腹委屈和良辰不遇的深刻伤感一一传出，可以说这两句诗的本身就是深与婉的统一。

“风朝露夜阴晴里，万户千门开闭时”，承上“巧啭”，仍写莺啼。这一联是两个略去主、谓语的状语对句构成的,每句中“风朝”与“露夜”,“阴”与“晴”,“万户”与“千门”,“开”与“闭”又各自成对,读来别有一种既整饬又优美,既明畅又含蓄的风调。

“曾苦伤春不忍听，凤城何处有花枝”，这是杜鹃啼血般的凄怨欲绝的情境描写，是在写诗人自身，也点明了“伤春”的正题。诗人借“不忍听”流莺的哀啼强烈地抒发了自己的“伤春”之情——抱负成空、年华虚度的精神苦闷。

整首诗语意精妙、措辞至臻，风格轻倩、意境流美，情思深婉、寓意深远，艺术高度臻于化境。

◎轶闻异物录

京兆府

唐朝开元元年（713 年）唐玄宗把长安所在的雍州改为京兆府，京兆府的首长为京兆尹。领万年、长安、新丰、渭南、郑、华阴、蓝田、鄠、盩厔、始平、武功、上宜、醴泉、泾阳、云阳、三原、宜君、同官、华原、富平、栎阳、高陵共二十二县。府是唐朝行政区划，比县高一级，在道以下，与州同级。这是府作为行政区划的开始。

京兆府最高行政长官为京兆府府尹，级别很高、权力很大，是长安的治安与政务的最高行政长官。位在尚书下、侍郎上。因为是都城的长官，所以京兆府的权限也较一般府县大了不少，比如京兆府可以不受逐级上诉的约束，凡经证实证据确凿的案件可以不经三司会审，有权当堂判死刑。

唐朝灭亡后，后梁将京兆府改为大安府，后唐再改回京兆府。历后晋、后汉、后周、北宋、金，名称都未曾变化。至元朝改名为奉元路，明朝改名为西安府。

楚宫

湘波如泪色漻漻[①]，楚厉[②]迷魂逐恨遥。
枫树夜猿愁自断，女萝[③]山鬼[④]语相邀。
空归腐败犹难复[⑤]，更困腥臊[⑥]岂易招。
但使故乡三户[⑦]在，彩丝[⑧]谁惜惧长蛟。

◎注释

① 漻漻：形容水清澈的样子。

② 楚厉：指屈原，他投汨罗江而死，无后人、无归处，古称“鬼无所归则为厉”（见《左传》昭公七年），亦可称“迷魂”，冤魂。

③ 女萝：一种缘物而生之藤蔓。

④ 山鬼：山中之神，或言以其非正神，故称“鬼”。

⑤ 犹难复：与“岂易招”均指难以为楚厉招魂，原因是屈子沉江后，身体腐烂了，葬身鱼腹了。

⑥ 困腥臊：屈原自沉，葬身鱼腹，故曰“困腥臊”。

⑦ 三户：指楚人。

⑧ 彩丝：指五彩丝线扎成的粽子。

◎译文

湘江之水如清泪般泛着幽幽涟漪，
屈原的冤魂随波逐浪而永无绝期。
夜晚的枫树林中猿啼使人愁肠断，
唯有穿着萝带的女山鬼低语相邀。
身体埋在土里腐烂后都难以复原，
那葬身鱼腹的魂魄就更难招回了。
只要楚地百姓们的后人还在的话，
谁会心疼那喂食蛟龙的丝包食物？

◎创作背景

关于此诗的历史背景和寓意，大家说法不一，张采田认为是唐宣宗大中二年（848 年）诗人由桂州（今广西桂林）郑亚幕返长安途经潭州（今湖南长沙）等地时作，专吊屈原，并无其他寓意。本书编辑比较认可张采田的观点，认为诗人一生因卷入"牛李党争"而在政治上一直不得意，生活道路十分坎坷，写此诗既是吊屈原，也融进了诗人对政治社会和个人身世的感慨。

◎赏析

这首诗中，诗人通过想象和描写屈原冤魂将随湘江之水永无穷尽之期，表达了对屈原的悲痛哀悼，同时强烈谴责造成屈原悲剧的楚国统治者，借古喻今。

"湘波如泪色漻漻，楚厉迷魂逐恨遥"，从眼前所见落笔。"逐恨遥"写迷魂含着满腔悲愤，随波远去，只有湘江之水无穷尽之时，屈原的迷魂就终古追逐不已，其恨也将绵延千秋万代永无绝期。"恨"和"泪"融入诗人强烈的个人感情。

"枫树夜猿愁自断，女萝山鬼语相邀"，化用《楚辞·招魂》、屈原《九歌 · 山鬼》语句，从湘江岸上的景物再加以烘托迷魂之愁的气氛。"枫树夜猿"是用经霜的枫树和哀鸣的愁猿构成一幅凄楚的秋夜图。"愁"既是猿愁，也是迷魂之愁，"语相邀"既指山鬼间互相呼唤，同时也指山鬼们呼唤屈原的迷魂，境界阴森、悲情如海，读之使人哀怨欲绝。

"空归腐败犹难复，更困腥臊岂易招"，即使屈原死后埋在地下，其尸也会归于腐败，其魂也难以招回，既是对屈原的哀悼，也是对屈原以死抗争的壮举抒发诗人内心的慨叹。

"但使故乡三户在，彩丝谁惜惧长蛟"，借《史记·项羽本纪》"楚虽三户，亡秦必楚"的典故和《续齐谐记》楚人祭祀屈原的传说，来说明人民会永远怀念这位伟大的诗人，意境由凄楚婉转而变得高昂激越。诗人用歌颂屈原的忠魂来结束全诗，留给读者无限怅惋的空间，为屈原的忠魂，也为作者的执着。

作者的这首诗不同于其他凭吊屈原的诗文。诗人没有从屈原的人品、才能和其在政治上的遭遇来表达自己对屈原所遭不幸的疼惜，而是通篇围绕屈原的“迷魂”来写，并化用《楚辞》屈原作品中的语句和意境入诗，不着痕迹地讴歌了爱国诗人的忠魂，具有极高的艺术欣赏价值和社会研究价值。

◎轶闻异物录

屈　原

屈原（约前 340—前 278），中国战国时期楚国诗人、政治家。出生于楚国丹阳秭归（今湖北宜昌）。芈姓，屈氏，名平，字原；又自云名正则，字灵均。楚武王熊通之子屈瑕的后代。少年时受过良好的教育，博闻强识，志向远大。早年受楚怀王信任，任左徒、三闾大夫，兼管内政外交大事。他提倡“美政”，主张对内举贤任能、修明法度，对外力主联齐抗秦。因遭贵族排挤诽谤，被先后流放至汉北和沅湘流域。楚国郢都被秦军攻破后，屈原自沉于汨罗江，以身殉国。

屈原是中国历史上第一位伟大的爱国诗人，中国浪漫主义文学的奠基人，“楚辞”的创立者和代表作家，开辟了“香草美人”的传统，被誉为“辞赋之祖”“中华诗祖”。屈原作品的出现，标志着中国诗歌进入了一个由集体歌唱到个人独创的新时代。其主要作品有《离骚》《九歌》《九章》《天问》等。以屈原作品为主体的《楚辞》是中国浪漫主义文学的源头之一，与《诗经》并称“风骚”，对后世诗歌产生了深远影响。

七月二十九日崇让宅[①]宴作

露如微霰[②]（xiàn）下前池，

月[③]过回塘[④]万竹悲。

浮世[⑤]本来多聚散，

红蕖[⑥]何事亦离披[⑦]。

悠扬[⑧]归梦[⑨]惟灯见，

濩（huò）落[⑩]生涯独酒知。

岂到白头[⑪]长只尔[⑫]，

嵩阳[⑬]松雪[⑭]有心期[⑮]。

◎注释

① 崇让宅：李商隐岳父王茂元在东都洛阳崇让坊的邸宅。

② 微霰：微细的雪粒。

③ 月：一作“风”。

④ 回塘：回曲的水池。

⑤ 浮世：浮生，指人间，人世。旧时认为人世间是浮沉聚散不定的，故称。

⑥ 红蕖：红荷花。蕖，芙蕖。唐·李白《越中秋怀》诗：“一为沧波客，十见红蕖秋。”

⑦ 离披：零落分散的样子。

⑧ 悠扬：起伏不定，飘忽。

⑨ 归梦：归乡之梦。

⑩ 濩落：原意是廓落，引申为沦落失意。

⑪ 白头：指头发白了，形容人已年老。

⑫ 只尔：只是这样。

⑬ 嵩阳：嵩山之南。嵩山在河南登封，距离洛阳才百里。

⑭ 松雪：象征隐士的气节和品格。

⑮ 心期：心神交往，两相期许。

◎译文

秋夜的霜露似微雪洒满了前池，
月儿斜照回塘万竹萧萧似悲泣。
人生本就是聚聚散散几多悲欢，
要不池上的荷花为何纷纷坠落。
遥遥无期的归梦只有孤灯见证，
空虚落寞的生涯唯有清酒可知。
难道要到了白头之年还是如此。
早与嵩山南的松雪两心相期了。

◎创作背景

此诗当作于唐武宗会昌元年（841 年）。冯浩《玉溪生诗集笺注》、张采田《玉溪生年谱会笺》均定为会昌元年七月作，大致可信。此时诗人仕途受挫，暂住岳父王茂元（时任忠武军节度使、陈许观察使）家，妻子仍在京城长安。

◎赏析

这首诗写亲朋会饮时引发出诗人的幽怀，抒发了诗人仕途坎坷、壮怀未酬的愤慨之情，可以说是诗人对自己坎坷经历的沉痛总结。

“露如微霰下前池，月过回塘万竹悲”，写初秋崇让宅清池前横、修竹环绕的清幽景象。诗人用“风”“露”点染院景，立刻使之带上浓重的悲切气氛。诗人把自己强烈的主观的感情赋予客观事物之上，因此他所见的风摇翠竹沙沙作响，像在悲泣。

诗人是用环境的凄清，衬托自己心境的凄楚。

“浮世本来多聚散，红蕖何事亦离披”，诗人借环境景物，抒发人生的感叹。“浮世”意味世事不定、生命短暂。“聚散”兼含两义，但重在“散”上，主要是对妻子而言（诗人颠沛流离，东西奔波，常与妻子分离），同时也兼指筵上的人，因为筵终席散，大家又当别去，与下联中的“灯”“酒”，关合诗题“宴”字。“何事”是诗人不用直叙而用反问句式以加强感叹痛惜的语气。这一联“浮世”对“红蕖”，“本来”对“何事”，对仗比较自由，可以说是诗人对律诗的一个传承与发展。

“悠扬归梦惟灯见，濩落生涯独酒知”，直接发抒感慨，表现出诗人的冷落、孤寂之感，宣泄出诗人仕途坎坷、壮怀未成的愤慨之情。“悠扬”形容“归梦”的悠长。“归梦”又和“灯”联系起来，承“聚散”写对妻子的深切思念，意味深长，意境更美，更富诗意。一个“知”字，使酒带上人情，似乎也在为诗人的坎坷遭遇痛惜与不平。“惟”和“独”都起着强调、渲染的作用，表现出诗人的孤寂之感、失意之悲、别离之痛。

“岂到白头长只尔，嵩阳松雪有心期”，诗人把郁结于胸的幽愤终于宣泄出来。“松雪”喻高洁的品性和节操。诗人于无可奈何之中想到归隐山林，表现出诗人仕途坎坷、壮怀不成的无奈。

诗人将“比”“兴”两种手法有机地糅合在一起，用环境景物，烘托渲染自己的思想感情，可以说全诗没有一物不解人意、不含着深情，读之撼人心魄，使全诗在情景交融中蕴含着强烈的艺术感染力。

◎轶闻异物录

唐朝的节度使

“节度使”是唐代开始设立的地方军政长官，因受职之时朝廷赐以旌节而得名。节是当时一种全权印信，受有此全权印信者便可全权调度下辖的兵马、财物、徭役等，故称节度使。

节度一词出现甚早，意为节制调度。唐代节度使渊源于魏晋以来的持节都督。北周及隋改称总管。唐代称都督。贞观以后，内地都督府并多省罢，唯军事活动频繁的地区尚存，以统州、县、镇戍。镇戍是经常性的防御据点，比较分散，兵力单弱，故每遇战事发生，必须由朝廷派遣行军总管统率出征或备御。规模较大的战役，又设置行军元帅或行军大总管统领诸总管。

唐睿宗景云二年（711 年），贺拔延嗣为凉州都督充河西节度使，节度使开始成为正式的官职。唐玄宗开元年间，设立了碛西、北庭、河西、陇右、朔方、河东、范阳、平卢、剑南、岭南十个节度使。

唐高宗、武后时期，为了加强防御力量和改变临时征调的困难，这类屯戍军设置愈多，并逐渐制度化，形成有固定驻地和较大兵力的军、镇、守捉，各自置使。行军大总管也逐渐演变成统率诸军、镇、守捉的大军区军事长官，于是长驻专任的节度使应时出现。

忆匡一师[①]

无事[②]经年别远公[③]，

帝城[④]钟晓[⑤]忆西峰[⑥]。

炉烟[⑦]消[⑧]尽寒灯晦，

童子开门雪满松。

◎注释

①匡一师：僧人，人名不详，一作“住一师”。

②无事：无端。

③远公：本指东晋庐山东林寺高僧惠远（一作慧远），此处指匡一师。惠远是净土宗的初祖。

④帝城：指京城长安。

⑤钟晓：晓钟，是唐代京城长安清晨的一大特色，每天拂晓，宫中和各佛寺的钟声一齐长鸣，声震全城。

⑥西峰：指庐山。

⑦炉烟：指香炉中燃起的烟雾。一作“烟炉”。

⑧消：消失。一作“销”。

◎译文

我无端端离开“远公”已经很多年，
长安城清晓钟声令我忆起西峰佛寺。
与匡一大师煮茗论经早已忘了时辰，
童子早起打开房门大雪披满了松枝。

◎创作背景

李商隐曾于唐文宗开成元年（836年）奉母迁居济源（今河南境内），

在济源玉阳山学道。此诗为诗人听到帝城的晓钟，怀念僧友匡一师而作。

◎赏析

这首诗通过回忆诗人当年与匡一僧人同在西峰时的情景，想象着如今的匡一僧人的生活情景，表达了自己对少年时代欢乐时光的留恋和对友人的思念之情。

“无事经年别远公，帝城钟晓忆西峰”，点明诗题“忆”中字。“远公”以净土宗的初祖慧远大师借指匡一师，既暗写其不凡，又表达了自己的仰慕之情。“无事”是作者对自己多年来在仕途上追名求利的否定。“钟晓”的意象既宣告着宁静安详的结束，又预示着喧嚣熙攘的到来。

“炉烟消尽寒灯晦，童子开门雪满松”，诗人重现了留存在记忆中最深刻而感人的一个场景，含蓄地表达出对往日深挚情谊的追念，同时为读者展示了一幅唯美无比的“西峰松雪图”。“炉烟消尽”“寒灯晦”是拂晓时佛殿的逼真写照：在寒冷的冬季，二人聚首青灯古寺，品茗吟诗，围炉夜话，忘记了外面还有一个喧嚣的世界。诗人以“炉烟”之“消尽”,“寒灯”之“晦”的物态变化来写夜色的深、晚，从时间上久写畅叙未眠之状，表达两人情谊之深。结句更是奇境宕出，写两人彻夜畅叙后清晨所见的雪景——漫天皆白，雪压松枝，好一个银色世界，好一个“傲”写的青松，这景色不仅表现环境清绝高洁，而且蕴涵着“匡一师”不染一尘的高洁出世形象。

整首诗构思巧妙、情致幽远、境界极高极美，读来让人置身于一个清幽洁净、远离红尘的世界中。具有极高的艺术价值和学术价值。

慧远大师

慧远大师（334—416），俗姓贾，东晋时雁门郡楼烦县（今山西宁武附近）人，出生于世代书香之家，居庐山，与刘遗民等同修净土，为净土宗始祖。

慧远大师从小资质聪颖，勤思敏学，十三岁随舅父令狐氏游学许昌、洛阳等地。精通儒学，旁通老庄。二十一岁时，偕同母弟慧持前往太行山聆听道安法师讲《般若经》，于是悟彻真谛，发心舍俗出家，随从道安法师修行。慧远引老庄义为连类，以解说佛经《高僧传》，及以道家道体的永常不灭，来诠释法性。

东晋安帝义熙六年（410 年），卢循从广州起兵北上，占据江州（今江西九江）时，入山拜访慧远。慧远与卢循的父亲卢嘏同过学，见到卢循后热情相待，并高兴地述说幼年往事。当时有的和尚劝慧远说："卢循为国寇，同他这样交厚，难道不会引起朝廷的怀疑吗？"慧远不以为然地说："我佛法中情无取舍，这一点有识之士都了解，没有什么可怕的。"不久，卢循被刘裕击败。刘裕率领军队追击卢循经过江州时，手下人告诉他说，慧远与卢循交情很深。刘裕说："远公世表之人，必无彼此。"于是派人给慧远送去一封信，表示敬意，同时还送给慧远一些钱和米。

慧远于晋安帝义熙十二年（416 年，一说为 417 年），卒于庐山东林寺，享年八十三岁。他的著作被整理为十卷五十余篇。慧远生前德高望重，对佛教界有巨大的影响。著名诗人谢灵运曾为他写了一篇碑文《远法师诔》。南齐僧人道慧读了慧远的文集，慨然叹息，恨自己生不逢时，未能亲见慧远。为了实现夙愿，他和另一个僧人智顺溯流千里，到庐山观看慧远的遗迹，在那里流连了三年才回去。

望喜驿[①]别嘉陵江水二绝

其一

嘉陵江水此东流，望喜楼中忆[②]阆（làng）州[③]。

若到阆中还赴海，阆州应更有高楼。

其二

千里嘉陵江水色，含烟带月碧于蓝。

今朝相送东流后，犹自驱车更向南。

◎注释

①望喜驿：旧址在今四川广元市南。李商隐由秦入蜀，自大散关以南，一直沿嘉陵江水行进，至望喜驿，续往西南行，而嘉陵江水则往东南流，故曰“别”。

②忆：思。

③阆州：今四川阆中市。

◎译文

其一

嘉陵江的河水自此向东流去，

自己站在望喜楼中回忆阆州。

如果江水到了阆州还要入海，

那自己更该站在高楼上回忆。

其二

嘉陵江千里风光多么的迷人，

月色下湛蓝的江水烟波袅袅。

在江水东去之际与你相别过，
只能自行驱车向更南方离去。

◎创作背景

这两首山水诗作于唐宣宗大中五年（851年），诗人应东川（治梓州，今四川三台）节度使柳仲郢之邀，入幕为掌书记，途经望喜驿，有所感触而写下这组诗。这两首诗作者曾有自注，曰“此情别寄”，应当指另有所寄，许是指诗人概括人情冷暖，世风日下。李商隐虽有才华和政治抱负，但时时受到猜忌、排挤。此时妻子王氏已经病故，他更觉无所依托，人生漂泊，内心矛盾，渴望得到知音，但现实社会知音难觅，只好钟情于嘉陵江水，聊以片刻的自慰。

◎赏析

两首绝句，既有分工，又互相配合。第一首重在远眺嘉陵江，从宏观着笔，第二首重在写嘉陵江水之澄碧，于细微处见精神。这两首绝句通过赞美嘉陵江水，抒发了诗人对大自然的依恋，从而反衬出人世间的倾轧和污浊。

“嘉陵江水此东流，望喜楼中忆阆州”，起笔扣题，突出“别”字。诗人站在望喜楼上，注目嘉陵江水滔滔东流，又忆起那远在中游的阆州，思绪不由为之一顿。依依不舍的心情便油然升起。

“若到阆中还赴海，阆州应更有高楼”，写“阆州”增强“别”的韵味。

“赴海”指嘉陵江经阆州后继续向东南流去，到重庆汇入长江，最终流入东海。“应更”是肯定句，前行匆匆，无暇游赏，而此行又不经此，当然不可能再到阆州的“高楼”眺望嘉陵江水了。

“千里嘉陵江水色，含烟带月碧于蓝”，诗人尽情描摹江水之美，以增加不忍别之情。

“今朝相送东流后，犹自驱车更向南”，诗人把江水人格化，使江水变成了有生命力的东西了，使诗的意境得到了升华。“犹”表达出诗人内心里的渺茫之感。“更向南”诗人虽受柳仲郢之邀，但此行如何，还未可料，因此发出“犹自驱车更向南”的慨叹。

这两首绝句是联章体，看似平淡，实则清新。全诗紧紧围绕嘉陵江来抒发情感，前者虚写，想象嘉陵江的壮阔景象，但虚中含实；后者写实，以细腻的笔触，抒发无尽的山水之情怀，且实中寓虚。诗人仅用淡淡的几笔便勾勒出江水的博大；而“江水色”“含烟”“带月”“碧于蓝”等词语的运用更是极富画意之美，加之人格化的运用，把“人送江”与“江送人”生动画面栩栩如生地呈现在读者面前，艺术造诣可谓登峰造极。

◎轶闻异物录

嘉陵江

嘉陵江，长江上游的一条支流，因流经陕西凤县东北嘉陵谷而得名。一说来源《水经注》二十（漾水）载:“汉水南入嘉陵道而为嘉陵水”发源于秦岭北麓的陕西省凤县代王山。嘉陵江的干流流经陕西省、甘肃省、四川省、重庆市，在重庆市朝天门汇入长江。主要支流有：八渡河、西汉水、白龙江、渠江、涪江等。嘉陵江是长江支流中流域面积最大，长度仅次于雅砻江，流量仅次于岷江的大河。

传统上，嘉陵江有两源：东源陕西省凤县代王山的东峪河和发源于甘肃省天水市秦州区齐寿乡齐寿山的西汉水。还有专家认为发源于甘南碌曲县郎木寺镇若尔盖草原的白龙江。2011 年 10 月长江水利委员会确认其东源陕西省凤县秦岭代王山是正源。根据凤县县志记载，嘉陵江在陕西省内的河段称为“古道河”,流入四川盆地才称为嘉陵江。现代所称的嘉陵江，是泛指从凤县东河桥以下的所有河段。在重庆市境内，嘉陵江古称“渝水”，故重庆又简称“渝”。

杜司勋[1]

高楼风雨[2]感斯文[3]，短翼差池[4]不及群。

刻意[5]伤春[6]复[7]伤别[8]，人间惟有杜司勋。

◎注释

①杜司勋：杜牧，晚唐时期诗人、散文家，曾于唐宣宗大中二年（848年）三月入朝为司勋员外郎、史馆修撰（见《樊川集》中《上周相公启》及《宋州宁陵县记》），故称杜司勋。

②风雨：抒写风雨怀人之情。语出《诗经·国风·郑风·风雨》："风雨如晦，鸡鸣不已。"

③斯文：指他当时正在吟诵的杜牧诗作，即第三句所谓"刻意伤春复伤别"之作。

④差池：参差，指燕飞时尾羽参差不齐。

⑤刻意：有意为之，此指别有寄托。

⑥伤春：因春天到来而引起忧伤、苦闷。

⑦复：又。

⑧伤别：因离别而悲伤。

◎译文

高楼上风雨如晦感动于杜司勋诗文，
他羽翼短小无力奋飞赶不上同群人。
倾注心血写诗为感伤时事又伤离别，
世间值得推崇和赞誉的只有杜司勋！

◎创作背景

此诗当作于唐宣宗大中三年（849年）春。在党争中，杜牧离开长安，几近家破人亡，无以存身；李商隐也一路外放，生活每况愈下。随着唐宣宗即位，杜牧、李商隐从外放地陆续回到京城长安，两位诗人久别后重聚，杜牧任司勋员外郎兼史馆修撰，李商隐在京兆府担任代理法曹参军，在这段日子里他们有过频繁的相处交游和密切的来往酬唱，彼此间私谊较深。《全唐诗》的《李商隐卷》中收录《杜司勋》和《赠司勋杜十三员外》都作于此时。

◎赏析

这首诗高度评价了杜牧的“伤春复伤别”之作，称赞其诗歌高超的艺术水平，突出了杜牧的文学地位，表达了作者对杜牧的倾慕之情，也寄托了作者自己对时代和身世的深沉感慨。

“高楼风雨感斯文，短翼差池不及群”，写作者对杜牧诗歌独特的感受。在一个风雨凄凄的春日，诗人登上高楼，凭栏四顾，只见整个长安城都沉浸在迷茫的雨雾中，而这风雨如晦的景象，正好触动诗人胸中郁积的伤世忧时之感，使诗人对杜牧的诗作就有了更深切地感受，因为后者就是“高楼风雨”时代环境的产物。“斯文”是感慨杜牧的诗不确指,也不必确指。“差池”暗寓“伤别”之情，是说自己正如风雨中艰难前行的弱燕，翅短力微，赶不上同群人，也是自谦才力浅短，不如杜牧。

“刻意伤春复伤别，人间惟有杜司勋”，极力推重杜牧的诗歌。“伤春”“伤别”，即“高楼风雨”，高度概括了杜牧诗歌的主要内容与基本主题，也就是这首诗的基本内容和主题，并揭示了带有那个衰颓时代所特有的感伤情调的艺术风格。“刻意”既强调其创作态度之严肃，又突出其运思寓意之深厚，暗示他所说的“伤春伤别”，并非寻常的男女相思离别，伤心人别有怀抱。“惟有”与“短翼差池”相呼应，极高评价了杜牧在当时诗坛上的崇高地位。

这首诗蕴含着丰富的言外之意、弦外之音，诗人极力称扬杜牧，实际上含有引杜牧为同调之意，可谓同心相应、同气相求。诗人在评杜、赞杜的同时，也暗含着诗坛寂寞、知音稀少的弦外之音，具有很高的思想价值和艺术感染力。

◎轶闻异物录

杜　牧

杜牧（803—约852），字牧之，号樊川居士，汉族，京兆万年（今陕西西安）人。杜牧是唐代杰出的诗人、散文家，是宰相杜佑之孙，杜从郁之子。杜牧在唐文宗大和二年二十六岁时中进士，授弘文馆校书郎，后赴江西观察使幕，转淮南节度使幕，又入观察使幕，理人国史馆修撰，膳部、比部、司勋员外郎，黄州、池州、睦州刺史等职。

因杜牧晚年居长安南樊川别墅，故后世称“杜樊川”，著有《樊川文集》。杜牧的诗歌以七言绝句著称，内容以咏史抒怀为主，其诗英发俊爽，多切经世之物，在晚唐成就很高。杜牧人称“小杜”，以别于杜甫的“大杜”。与李商隐并称“小李杜”。

杜牧在家族中排行十三，因此根据唐人的习惯，被称为“杜十三”。杜牧政治才华出众，十几岁的时候，值唐宪宗讨伐藩镇，为振作国事，他在读书之余关心军事，后来专门研究过孙子，写过十三篇《孙子》注解，也写过许多策论咨文，特别是有一次献计平虏，被宰相李德裕采用，大获成功。

龙　池

龙池[①]赐酒敞云屏[②]，

羯（jié）鼓[③]声高众乐停。

夜半宴归宫漏永[④]，

薛王[⑤]沉醉寿王[⑥]醒。

◎注释

① 龙池：既是地名，也是舞曲名，这里指隆庆宫。《旧唐书·音乐志》载："玄宗龙潜之时，宅在隆庆坊。""玄宗正位，以坊为宫，池水逾大，弥漫数里。"又据《新唐书·音乐志》载："初，帝赐第隆庆坊，坊南之地变为池，中宗常泛舟以厌其祥。帝即位，作龙池乐，舞者十二人，冠芙蓉冠，蹑履，备用雅乐，唯无磬。"

② 云屏：有云形彩绘的屏风或用云母作装饰的屏风。

③ 羯鼓：一种出自外夷的乐器，据说来源于羯族。羯鼓两面蒙皮，腰部细，用公羊皮做鼓皮，因此叫羯鼓。它发出的音主要是古时十二律中阳律第二律一度。

④ 漏永：形容漫漫的长夜。漏：是滴漏，古代的计时器。

⑤ 薛王：唐玄宗弟弟李业之子。

⑥ 寿王：唐玄宗的儿子李瑁。杨玉环先为寿王妃，后被唐玄宗看中，又将其立为贵妃。

◎译文

龙池宴饮赐酒欢歌云母屏风敞开，
羯鼓声急高亢淹没了所有器乐声。
夜深宴罢归来侄儿薛王酩酊大醉，
儿子寿王却辗转反侧，夜不成寐。

◎创作背景

此诗创作具体时间待考。李商隐的咏史诗颇多“小说气”。他往往通过“合理想象”，叙述出历史生活的某一片段场景，描写人物的活动与心理，让读者自行领味其中寓含的微旨。

这首《龙池》由于涉及一个很难正面下笔的题材——唐玄宗将原为其子妇寿王瑁之妃的杨玉环占为己有的事情，这种合理想象、侧面虚点、有案无断的写法便更有用武之地了。

◎赏析

这首诗作者通过自己的想象描写了唐玄宗生活的一个片段场景、人物的活动与心理，表达了对封建帝王骄奢淫逸生活的不满，把讽刺的矛头直指最高统治者，对虚伪的封建伦理道德进行了无穷的嘲讽。

“龙池赐酒敞云屏，羯鼓声高众乐停”，描写龙池宴饮。“敞云屏”表明这是玄宗在宫中摆设的不分内外的家宴，参加者除唐玄宗、诸王外，自然也包括杨贵妃在内，暗指在这样的场合下，寿王李瑁自然会见到自己心爱的女人杨玉环。“羯鼓”是诗人借用羯鼓震响这一细节，透露出最爱听羯鼓演奏并会击鼓的唐玄宗的高昂兴致。“声高”表明宴会作乐已进入到狂欢的高潮。“众乐停”由于唐玄宗喜欢“羯鼓”，于是在宴会进入高潮阶段，唐玄宗就只顾自己的喜好，叫停其他所有乐器，暗指只要是帝王喜欢的，不管是人是物，皇上都要为满足自己的私欲而动用自己至高无上的权利来获取。诗人精心设计了一个能够让唐玄宗与其子李瑁会面的一个典型环境来写，并极力渲染宴会场面的奢华以及唐玄宗的欢乐，为下面转写宴罢归寝，薛、寿二王一醉一醒的情形，埋下伏笔。

“夜半宴归宫漏永，薛王沉醉寿王醒”，诗人通过自己的想象，把寿王李瑁内心那种撕肝裂肺的泣血的痛描写得淋漓尽致，却又不见半个带有血淋漓字眼的词语。想象一下：中国自古就有“杀父之仇，夺妻之恨”一说，而这样的世间难忍之事居然就发生在自己身上，而且，“夺妻”之人还是自己的生身父亲！寿王平日里有多么的郁闷、多么的纠结就可想而知了！偏偏今日席上，又目睹自己的旧爱已成父皇的新宠，这种强烈地刺激让谁能够忍受得了呢？宴席上，面对父皇那至高无上的皇权压力，寿王不得不忍，而宴罢归来呢？寿王的相思、愤恨、羞辱、痛苦全部由一个“醒”字包蕴了！诗人用一“醉”一“醒”作衬：王胸无隐痛，席上自必开怀畅饮，故宴归立即沉醉酣睡；而寿王则是身遭难忍而又不得不强忍的痛楚，自然是伴随着悠长的宫漏彻夜无眠了。

这首诗通篇白描，没有一处正面揭露唐玄宗的乱伦之行，没有一句直接谴责的话，诗人仅用“寿王醒”三个字，就对虚伪的封建伦理道德进行了无情的揭露和批判，收到了比正面描写，直接谴责更佳的艺术效果。

◎轶闻异物录

杨玉环

杨玉环（719—756），号太真。姿质丰艳，善歌舞，通音律，唐代宫廷音乐家、舞蹈家。她的音乐才华在历代后妃中鲜见，是中国古代四大美女之一。

她出生于宦门世家，父亲杨玄琰曾担任过蜀州司户。

唐玄宗开元二十二年（734 年）七月，他的女儿咸宜公主在洛阳举行婚礼，杨玉环应邀参加，公主胞弟、寿王李瑁对杨玉环一见钟情，唐玄宗在李瑁的要求下当年就下诏册立她为寿王妃。婚后，两人十分恩爱。

唐玄宗特别宠爱武惠妃，在宫中的礼遇等同于皇后，唐玄宗开元二十五年（737 年）武惠妃逝世，唐玄宗因此郁郁寡欢，当时后宫数千，无可意者，有人进言杨玉环“姿质天挺，宜充掖廷”，于是唐玄宗将杨玉环召入后宫之中。为了能够名正言顺地把杨玉环留在身边，开元二十八年（740 年）十月，以为玄宗母亲祈福的名义，令杨玉环出家为女道士，号太真。

唐玄宗天宝四载（745 年），把韦昭训的女儿册立为寿王妃后，遂册立杨玉环为贵妃。由于玄宗再未立后，因此杨贵妃就相当于皇后。

唐玄宗天宝十五载（756 年），安禄山发动叛乱，杨玉环随李隆基从延秋门出长安，流亡蜀中，途经马嵬驿，于六月十四日在马嵬驿死于乱军之中。

天　涯

春日在天涯[①]，

天涯[②]日又斜[③]。

莺啼[④]如有泪，

为湿最高花[⑤]。

◎注释

① 天涯：此处泛指家乡以外的极远之地。

② 天涯：此处特指具体的天边。

③ 斜：古音读 xiá，现行中小学语文教学通例上读今音 xié。

④ 莺啼：莺鸣。宋辛弃疾《蝶恋花》词：“燕语莺啼人乍还。却恨西园，依旧莺和燕。”啼，语意双关，有啼叫和啼哭的意思。

⑤ 最高花：树梢顶上的花，也是盛开在最后的花。

◎译文

繁花似锦的春天独在天涯，

天涯的红日又在渐渐西斜。

美丽的黄莺啊你若有泪水，

请为我洒向最高枝的娇花。

◎创作背景

冯浩《玉溪生年谱》将此诗编于唐宣宗大中九年（855 年），当时李商隐在梓州柳仲郢幕府。张采田《玉溪生年谱会笺》编在大中五年（851 年），当时李商隐在徐州卢弘止幕府，并云：“‘春日天涯’，点时点地。‘日又斜’，府主又卒也。‘最高花’，所指显然。冯编梓幕，大误。”本书编者认为此诗创作时间应在唐宣宗大中九年（855 年），因为徐州自古没有“天涯”一说，而梓州一般指今四川省绵阳市三台山县一带，当时诗人在梓州柳仲郢幕府时，结发之妻王氏已经病故，诗人内心深处有“天涯”之感。

◎赏析

这首诗写作者沦落天涯，又值春残日暮，人有情而鸟无意，伤春伤时又自伤身世，用意深婉曲折，在婉曲回环中见奇警，可谓余音袅袅，哀婉动人。

“春日在天涯，天涯日又斜”，诗人在诗的一开头就制造出一种环境和心情上的强烈反差氛围。诗人巧妙地使用“顶针”格重复着“天涯”二字，把旖旎的春光与羁旅的愁思交织在一起，其情深沉凄婉，其感惆怅黯然，渲染了人在天涯，踽踽独行，穷愁漂泊的悲凉气氛，描绘出一幅唯美的：斜阳西下、暮色苍苍、落红缤纷、孤独人在天涯的图卷。诗人用“春日”二字写出了时光之美，季节之美，自然环境之美，而着一切的美都在“天涯”之远！尽管如此，诗人仍觉不够，又用“天涯日又斜”递进一层，把“天涯”之远融入“日又斜”的境况之中，给明丽的春景笼上了一层淡淡的薄阴；再一个“又”字，尽在言外，把对美好事物的无限留恋、珍惜之意包含在了生命的必将凋零之悲中。

“莺啼如有泪，为湿最高花”，诗人移情及物，写黄莺感叹悲啼而垂泪；而泪水所湿之花，自然也泪痕斑斑，凄楚欲绝。“莺啼”本是非常婉转悦耳的，但此时此境中诗人却觉得像在啼哭。“啼”写听觉，“泪”写视觉，“湿”是触觉，把诗人敏锐的联想和深切的感受一览无余地写出来了。“最高花”因树梢顶上的花无有庇护，风狂雨骤易折，这和人世间一切美好事物容易遭到损坏的命运非常相似，和诗人这位有才华、有抱负而潦倒终生的命运更相似，浸透着诗人人生挫伤和理想幻灭的痛苦，表达出诗人对国家前途、对个人命运的绝望之情。

全诗短短二十个字，运用了“顶针”格，寓情于景、移情于物，用极艳之语抒发了极悲之意，反映出诗作的典型艺术创作特色。

◎轶闻异物录

梓　州

“梓州”是今天的四川省绵阳市三台县一带的古称，目前辖区内有汉、回、藏、羌、彝、满、白、苗等十多个民族，是四川省百万以上人口的农业大县之一，是国家第一批革命文物保护利用片区之一。

梓州在春秋战国时为蜀国酋长郪王国辖地；西汉高帝六年（前201年）始置县，名为郪县，隶属广汉郡；

隋文帝开皇十八年（598年）改新州为梓州（以梓潼水命名），治城在今潼川镇；隋炀帝大业三年（607年）改昌城县为郪县。

唐宋，郪县、涪城县仍置，隶属梓州（后为潼川府）。

元世祖至元二十年（1283年）撤涪城县并入郪县。明太祖洪武九年（1376年）改潼川府为潼川州，同时撤郪县并入潼川州，州隶属四川行省。

清世宗雍正十二年（1734年）升潼川州为潼川府，以潼川州本州置三台县，为附郭首县，县名以城西三台山得名，沿用至今。

楚吟

山[1]上离宫[2]宫上楼，

楼前宫畔暮江流。

楚天长短[3]黄昏雨，

宋玉[4]无愁亦自愁。

◎注释

①山：指巫山。

②离宫：巫山西北的楚宫，即宋玉在《高唐赋并序》里面所写的宋玉与楚襄王一同游览的地方。

③长短：无论长短，即“总之”“横竖”。

④宋玉：战国楚辞赋家，其在《九辩》中有“余萎约而悲愁”。诗人此处以宋玉自况，感慨身世之悲。

◎译文

巍巍山峰耸立着离宫宫楼，
宫楼前暮江东去沧海横流。
苍茫楚国迷漫着黄昏风雨，
宋玉再无愁也将为国发愁。

◎创作背景

冯浩《玉溪生诗集笺注》认为此诗是诗人唐文宗开成五年（840 年）至唐武宗会昌元年（841 年）春游楚时所作；张采田《玉溪生年谱会笺》定为唐宣宗大中二年（848 年）夏作者离开桂管观察使郑亚幕府之后，留滞荆楚时作。

◎赏析

这首诗是作者留滞荆楚之地时有感所写。诗人生动而形象地描绘了一幅“楚宫暮雨图”，从而抒发自己因怀才不遇而感到悲凉忧愁的思想感情。

“山上离宫宫上楼，楼前宫畔暮江流”，这两句作者采用顶针句式写了四种景物：“山”“离宫”“楼”“江”写出一派荒凉景象，也写得特别有文采。重叠使用“宫”和“楼”加重加深其意，强调其主体地位，以扣紧题中“楚”字。头一句由“山”上到“离宫”，再由“宫”上到“楼”，由下而上，一层一层向高处描写；次句又由“楼”而“宫”，由“宫”而“江”，由上而下，一层一层向低处描写，这样描写凸显出了明显的立体感。“暮江流”的“流”字，又透露出时光流驰的无穷无尽。从此宫此楼出现之日，流到此时，以后还将流到永远。昔日的楚国已成陈迹，只有离宫依旧，暮江东流。景中充满了古今变迁和岁月易逝的慨叹。

“楚天长短黄昏雨”，又用重笔再加渲染。这句取象构词，意含双关，构思非常巧妙。它既是实写眼前之景，又暗用宋玉《高唐赋并序》中巫山神女自称“旦为行云，暮为行雨”的语意和《神女赋并序》所载楚襄王梦神女事。“长短”二字既可作偏义复词，取“长”之义，形容楚天，因为巫峡一带，江两岸削壁千仞，对峙入云，只见长天，幽远莫测，“巫山巫峡气萧森”（杜甫《秋兴八首》）；又可形容暮雨，言其长长短短，似断似续，给楚宫蒙上一层如梦似幻的气氛，与襄王梦会神女之事相合。“黄昏雨”对应上句“暮江流”，“雨”字对“流”字，意在渲染环境的凄楚，可以说前三句勾画出了一幅“楚宫暮雨图”：暮色凄迷，凄风苦雨洒落江上，楚宫一片荒废，一切都牵动人的愁怀。

“无愁”和“亦自愁”对比成文，故为跌宕，更见出悲愁之深。

“宋玉无愁亦自愁”点出全诗主旨。“无愁”和“亦自愁”对比成文，故为跌宕，更见出悲愁之深。而这两个“愁”表面看去仅仅是因景而生，实则也是语义双关，与上句用“黄昏雨”暗指襄王荒淫腐败的文意一样，作者用宋玉自比，表达之际岁月蹉跎、壮志未酬的怨愤和对统治者不用贤才的愤懑，以及对唐王朝前途的忧虑。

这首诗采用顶针句式以景抒情，又借用典故抒发愤慨，诗意韵味深长，艺术手法多变而自然，无斧凿之痕，文采飞扬。

◎**轶闻异物录**

中国古代四大美男之一——宋玉

宋玉（约前298—约前222），又名子渊，中国古代四大美男之一。宋玉是战国时期宋国公子，因父子矛盾而出走楚国，为屈原之后学，崇尚老庄，曾事楚顷襄王，流传作品有《九辩》《风赋》《高唐赋》《登徒子好色赋》《神女赋》等。《汉书·卷三十·艺文志第十》录有赋十六篇。所谓“下里巴人”“阳春白雪”“曲高和寡”“宋玉东墙”的典故皆由此而来。

古代的小说戏曲等文学作品当中，往往以美如宋玉、貌若潘安来形容男子的俊美。宋玉不但漂亮，而且才华卓越，让许多女性心驰神往。

幽居冬暮

羽翼摧残[①]日，郊园[②]寂寞时。

晓鸡[③]惊树雪，寒鹜[④]守冰池。

急景[⑤]忽[⑥]云[⑦]暮，颓年[⑧]寖[⑨]已衰。

如何匡国[⑩]分[⑪]，不与夙心[⑫]期。

◎注释

① 羽翼摧残：鸟儿的翅膀被折断。

② 郊园：城外的园林。唐张九龄诗《酬王履震游园林见贻》："宅生惟海县，素业守郊园。"

③ 晓鸡：报晓的鸡。唐孟浩然诗《寒夜张明府宅宴》："醉来方欲卧，不觉晓鸡鸣。"

④ 鹜：鸭子。

⑤ 急景：同"短日"，急驰的日光，也指急促的时光。唐曹邺《金井怨》诗："西风吹急景，美人照金井。"

⑥ 忽：一作"倏（shū）"，迅速。

⑦ "云"字无义。

⑧ 颓年：言衰老之年。晋陆机《悯思赋》："乐来日之有继，伤颓年之莫纂。"

⑨ 寖：渐渐。

⑩ 匡国：匡正国家。汉蔡邕《上封事陈政要七事》："夫书画辞赋，才之小者；匡国理政，未有其能。"

⑪ 分：职分。

⑫ 夙心：平素的心愿。《后汉书·文苑传下·赵壹》："惟君明睿，平其夙心。"

◎译文

这是鸟翅被摧残的日子，在郊外园林寂寞的时节。
晨鸡因树上雪光而惊啼，鸭子在严寒中苦守冰池。
白天短促很快就到夜晚，垂暮之年身体渐已变衰。
我本有匡救国家的职分，再不能与我的夙愿相期？

◎创作背景

这首诗，张采田《玉溪生年谱会笺》认为此诗系作于唐宣宗大中十二年（858 年），是年冬，四十六岁的李商隐罢盐铁推官后，还郑州闲居，细想平生，百感交集，匡国无路，夙愿难期，于是写下这首诗。

◎赏析

这首诗概括了作者一生受挫、晚年困顿的实况，形象地描绘出作者不谙世务、进退两难的处境，真实具体地表达当时当地的感受和心情。

“羽翼摧残日，郊园寂寞时”，诗人概括了自己一生受挫、晚年困顿的实况。作者入仕后处处受人猜忌排挤，晚年时深感身心交瘁，如“羽翼摧残”之鸟，无力奋飞了，只能退守在“郊园”，忍受着寂寞无聊、郁郁寡欢的岁月。

“晓鸡惊树雪，寒鹜守冰池”，诗人以晓鸡和寒鹜自喻，极其形象地描绘出自己不谙世务、进退两难的处境，其中有哀怨，有酸楚，而且扣紧了诗题的“冬”字，即景抒情，反映出作者当时的思想情怀和际遇。

“急景忽云暮，颓年寖已衰”，诗人感叹自己人到晚年了，“羽翼摧残”不可能再有作为了。“暮”字照应诗题“冬暮”语义双关：冬季日短，暮色很快来临；随着时光的流逝，自己也进入了衰颓的晚景。这二句是为下一联的抒愤寄慨蓄势。

“如何匡国分，不与夙心期”，诗人发出内心的呼喊：为什么平生匡国济世的抱负不能得以实现呢？这呼喊是愤慨的，因为李商隐明明知道这个“为什么”。这呼喊同时也是凄凉感伤的，因为它毕竟出自一个性格不算坚强而又经历过太多打击的诗人。

整首诗在艺术风格上别具一格，没有刻意的锤炼和精心的藻饰，也没有使用典籍，更没有运用使人猛省或沉思的寓意，而是使用直白的语言，真实而具体地表达出作者当时当地的感受和心情。

◎轶闻异物录

唐宣宗李忱

唐武宗会昌六年（846年）三月二十一日，武宗李炎病危，宦官马元贽等认为李怡较易控制，就把他立为皇太叔，“勾当军国政事”，并更名李忱，成为新的皇位继承人。李忱监国后，满脸悲伤地接待臣下，决断事务，众人这才见到他的隐德。同年三月二十一日，李炎驾崩，李忱登基称帝，时年三十七岁，是为唐宣宗，年号大中。

李忱非常喜欢读《贞观政要》，即位后便勤于政事，孜孜求治，致力于改善中唐以来所遗留下来的种种社会问题。对内他勤俭治国、体恤百姓、减少赋税、注重人才选拔；贬谪李德裕，结束“牛李党争”；抑制宦官势力过分膨胀；打击不法权贵、外戚；并给死于“甘露之变”中除郑注、李训之外的百官全部昭雪。

对外他不断击败吐蕃、回鹘、党项、奚人，收复“安史之乱”后被吐蕃占领的大片失地，使唐朝国势有所起色，百姓日渐富裕，使本已衰败的朝政呈现出“中兴”局面。因此，史家对李忱评价极高，认为他是和文景之治的汉文帝和贞观之治的唐太宗一样的明君，历史上把这一时期称之为“大中之治”。

自唐宣宗大中十三年（859年）五月起，李忱因食用太医李元伯所献仙丹而中毒，“病渴且中燥”，身体状况十分糟糕，连着一个多月都不能上朝，到了八月，病入膏肓的李忱驾崩，享年五十岁。由他一直信任的宰相令狐绹负责治丧，群臣上其谥号为圣武献文孝皇帝，庙号宣宗。

正月崇让宅[①]

密锁重关掩绿苔[②]，廊深阁迴此徘徊。
先知风起月含晕[③]，尚自露寒花未开。
蝙拂帘旌[④]终展转，鼠翻窗网[⑤]小惊猜。
背灯独共[⑥]余香语，不觉犹歌起夜来[⑦]。

◎注释

① 崇让宅：指王茂元住宅。

② 掩绿苔：指庭中小径久无人行，长满苔藓。

③ 月含晕：《广韵》："月晕则多风。"王褒《关山月》："风多晕更生。"

④ 帘旌：帘箔，布门帘，像旌旗，故称。

⑤ 窗网：纱。朱注引程大昌曰："网户刻为连文，递相属，其形如网。后世有遂直织丝网张之檐窗以网鸟雀者。"

⑥ 背灯独共：一作"背灯独立"。背灯：用后背对着灯光。白居易《村雪夜坐》："南窗背灯坐，风霰暗纷纷。"

⑦ 起夜来：古曲名。《乐府解题》："《起夜来》，其辞意犹念畴昔思君之来也。"柳浑《起夜来》句："飒飒秋桂响，悲君起夜来。"唐施肩吾《起夜来》："香销连理带，尘贾合欢杯。懒卧相思枕，愁吟《起夜来》。"起夜：一作"夜起"。

◎译文

重门紧锁庭院深深长满了青苔；
游廊幽曲小阁萦回我独自徘徊。
看月色迷蒙便知明晨定有风起；
夜露清寒，春花何时才能盛开。
蝙蝠飞窜惊动了帘幔通宵无眠；

老鼠搅动窗饰让人怀疑有人来。
对灯独坐悄悄地与亡妻在说话，
不知不觉间低声唱起《起夜来》。

◎创作背景

唐文宗开成三年（838年）李商隐入泾原节度使王茂元幕。王茂元爱怜其才，把女儿嫁给了他，夫妻伉俪情深。大中五年（851年），王氏病故，诗人十分哀伤。大中十一年（857年）正月诗人回到洛阳崇让宅，想起亡妻，黯然神伤，便作此诗以悼念。

◎赏析

这首诗通过种种环境的层层描写，衬托出诗人悼念妻子的悲痛心情和复杂的内心活动。

“密锁重关掩绿苔，廊深阁迥此徘徊”，写崇让宅荒凉景象。诗人用“密”“重”“掩”“深”“迥”等字重叠渲染，刻意表现出一种荒寂凄凉感。“此徘徊”传达一种寻寻觅觅、恍恍惚惚、若有所失的情绪。诗人记忆中的繁华温馨与今日的凄凉冷落形成强烈对比。

“先知风起月含晕，尚自露寒花未开”，写室外景象，花与月通常以恬美明丽之感的两种景物，如今都笼罩着一层朦胧黯淡、凄寒惨淡的色调,表现出诗人思念逝去的妻子时凄寒的心态。“花未开”，切题中“正月”二字。“先知”“尚自”暗透出畏惧风寒而风寒频仍、盼望温煦而温煦迟迟的心理，这种心理与其悲剧性的人生遭遇有潜在的联系。

“蝙拂帘旌终展转，鼠翻窗网小惊猜”，由室外而转室内，选择两种最能显示宅室空寂荒凉的事物——蝙蝠与老鼠，写它们的动态，以及诗人的反应，而这一片空寂荒凉中不见阳光的“蝙”和“鼠”的动态，反过来更衬出了宅室的荒寂。诗人栖宿如此空寂的室内，思虑万千，心存怵惕，在沉思默想中听到蝙、鼠的声响，不觉惊疑怔惧，更加辗转难寐。“小”字形容心中微微一怔，措辞极有分寸。一“惊”、一“猜”，连连两个动词，体物精细入微。这两句以动写静，诗人连“蝙拂帘旌”“鼠翻窗网”这样微细的声响都听得清清楚楚，可见居室里是多么的空寂，而诗人又是多么的孤单！夜越是寂静，人越发感到孤独寂寞，就更加怀念妻子在世时的美好与温馨，也就更加忆念亡妻，因而“展转”“惊猜”，终夜不能成眠。

“背灯独共余香语，不觉犹歌起夜来”，诗人在悲凉与孤独的思念中进入恍惚的状态，而黯淡朦胧的环境加重了诗人的精神恍惚，至诗人进入迷幻中，似乎感觉衾枕间竟似残存着妻子的一缕余香，宛然伊人犹在，便情不自禁地与“余香”共语，并在不知不觉中轻声唱起《起夜来》的歌儿。《乐府解题》:《起夜来》本是妻子思念丈夫之辞，诗人不说自己忆念妻子，却说亡妻思念自己，可见作者的忆念之深、思情之苦，表现出诗人对妻子的一片痴情，增加了诗歌中的沉痛气氛。

这首诗在情节上层层推进，环环相生，寓情于景，借景抒情，使整首诗歌神韵凄婉、迷离冷清、情景交织、富有意境。

◎轶闻异物录

李商隐岳父王茂元

王茂元（？—843），濮阳县（今河南省市）人。唐朝中后期将领，鄜坊节度使王栖曜之子。

王茂元幼时随父王栖曜征战，以勇猛有谋知名。他勤奋好学，在唐德宗时上书自荐，被擢升为试任校书郎，改任太子赞善大夫。

唐宪宗元和年间（806—820），王茂元累官为右神策将军。

唐文宗太和年间(827—835),王茂元出任检校工部尚书、广州刺史、岭南节度使。在任上，王茂元招抚少数民族，颇有政治才干。但南方海运便利，多有奇珍异货，王茂元借机敛得巨额财富。

王茂元凭借着自己在岭南积累的大量财富，结交了京师的权贵。大臣郑注得宠时，调王茂元为泾原节度使。

唐文宗太和九年（835 年），“甘露之变”发生，郑注及宰相李训、王涯等都被宦官杀死。宦官觊觎王茂元的家财，借机指摘称王茂元是靠王涯、郑注而得到升迁。王茂元闻讯后散尽家财来贿赂神策左、右两军，得以免祸，并获封濮阳郡侯，入将作监任职。其后被授为忠武军节度使、陈许观察等使。

唐武宗会昌年间（841—846），王茂元转任河阳军节度使。在河朔诸镇奉命讨伐不听朝命的昭义军节度使刘稹时，王茂元病重，不久后，王茂元病逝，唐武宗追赠他为司徒，谥号“威”。

王茂元在著名的“牛李党争”中属于李党（李德裕）阵营，他非常器重李商隐，公元 838 年在泾原节度使任上。他将女儿许配给李商隐。

石　榴

榴枝婀娜[①]榴实繁，榴膜轻明[②]榴子鲜。
可羡瑶池[③]碧桃[④]树，碧桃[⑤]红颊一千年。

◎注释

①婀娜：形容柳枝等较为纤细的植物体姿优美样子，也形容女子身姿优雅，亭亭玉立，轻盈柔美的样子。

②轻明：薄而透明，轻丽明媚。

③瑶池：天界第一重天，极南之尽，乃王母颐养生息之天庭别府，名为——别有洞天，此亦是瑶池之所在。

④碧桃：古诗文中多特指传说中西王母给汉武帝的仙桃。

⑤桃：一作“眉”。

◎译文

石榴枝婀娜多姿，石榴树上结满了硕大的石榴，
石榴内的一层薄膜轻盈透明，石榴子鲜美诱人。
最羡慕的还是王母娘娘瑶池里永远不败的桃树，
青青的桃子成熟时，红红的挂在树上千年不落。

◎创作背景

这首为歌颂爱情而写的诗应是诗人早期作品，具体创作时间待考。石榴在诗人生活的唐代是美丽女子与纯洁爱情的象征。女皇武则天特别喜爱石榴，于是其栽培技术进入繁荣发展时期，一度出现长安“榴花遍近郊”的盛况。当年杨贵妃在华清宫时，也特别喜欢石榴花，亲手在七圣殿周围，栽植了很多石榴树，以观赏石榴花的艳态美容，因此有了“贵妃花石榴”的美名。

◎赏析

这首诗是作者为其爱情而写，诗人盛赞了婀娜的榴枝、轻盈的榴膜等物象，表现了自己的爱慕之情，感叹人间红颜易逝，抒发了自己对爱情的感慨，可以说这首《石榴》既是生命的挽歌，也是爱情的悼亡诗！

“榴枝婀娜榴实繁，榴膜轻明榴子鲜”，诗人从细节入手对石榴进行实写，歌颂了石榴的纯洁美丽，读来春风扑面，如睹美女婆娑起舞。“榴枝”和“榴实”是从外形上来描述石榴的美。“榴膜”和“榴子”是从石榴的内在美着眼，赞美石榴子鲜红鲜红的，那样子似乎是少女羞红的面颊，娇媚、鲜润，可谓别具新意。

“可羡瑶池碧桃树，碧桃红颊一千年”，诗人通过对比“瑶池”中的“碧桃”，叹息人间红颜易逝。“一千年”道出了诗人对爱情的幻想，渴望爱情能够像“瑶池碧桃”一样长长久久，久久长长。

这首诗运用了象征手法，用唐代人们普遍喜爱的石榴来象征纯洁爱情，并通过复词重言的手法，一首诗内多次连环回复，大小回环相套，从而使节奏回环，词脉婉曲，读来意韵连绵，回味无穷。

◎轶闻异物录

瑶　池

瑶池是在神话传说中是西王母所居住的地方，位于天山上。春秋战国时的典籍《列子・周穆王》上曾经记载，“遂宾于西王母，觞于瑶池之上。西王母为王谣，王和之，其辞哀焉。乃观日之所入。一日行万里。”

传说三千多年前，西周天子周穆王曾坐八匹日行三万里的骏马，由京城出发，千里迢迢，沿天山到瑶池来会见西域部落联盟首领西王母。

当西周天子周穆王和他的卫队来到时，盛装以待的西王母站在瑶池边上，以最隆重的部落礼节迎接来自远方的尊贵客人。瑶池如镜，绿草如茵，人们“吹笙鼓簧，中心翱翔”。周穆王将随行带来的大量丝织品和圭、壁等珍贵礼物送给西王母，主人则捧出各色丰盛的西域名肴、特产奶酒和葡萄酒盛情款待。瑶池“神池浩淼，如天镜浮空”的奇异风光，使周穆王如痴如醉，乐而忘归。

谒　山[①]

从来系日乏长绳[②]，水去[③]云回恨不胜[④]。

欲就麻姑[⑤]买沧海，一杯春露[⑥]冷如冰。

◎注释

① 谒山：拜谒名山。

② 系日乏长绳：用傅休奕《九曲歌》“岁暮景迈群光绝，安得长绳系白日”句意，说明时光难留。

③ 水去：含有两个意思：一是与“云回”一样是所见景象，含有“百川东到海，何日复西归”的意思；二指时间的消逝。

④ 恨不胜：怅恨不尽。

⑤ 麻姑：古代神话传说中的女仙。

⑥ 一杯春露：指沧海之水（也就是沧海里所汇聚的时间）已少到只剩一杯了。

◎译文

自古以来就没有系住太阳的长绳；
逝水东流白云舒卷令人惆怅不已。
正想向仙人麻姑买下这茫茫沧海，
却只剩下这杯春露竟然凄冷如冰。

◎创作背景

这首诗的具体创作年份和创作地点都有待考证。

◎赏析

这首诗运用大胆的想象和夸张手法，揭示了岁月难再、世事这一宇宙、人生和社会现象，表现了诗人对岁月无情流逝的无奈，也隐含着对自己怀才不遇、抱负难展的不幸遭遇的哀叹。

“从来系日乏长绳，水去云回恨不胜”，诗开篇运用典故表达了时间一去不可留的怅惘之情。“水去云回恨不胜”登高望远，但见滚滚江河向东流去，永无休止，这一日日、一天天、一年年相似的每一刻仿佛都在重来，鸟去又飞回，春去又春归，但就是这表面的轮回中，有多少峥嵘的岁月在无情地流逝，其中蕴含了人生、社会和宇宙的多少悲哀和无奈。“恨”是诗人伤感至极的情感自然流露。

“欲就麻姑买沧海”，诗人伤感至极，似乎已经山穷水尽时却忽生奇想：何不把“沧海”买过来？如此一来，时间就可以永远由我来把握了！这是浪漫主义的思维赋予的诗人极尽的幻想，使其在感叹人世短暂，时间飞速流逝的迷惘中似乎有了新的发现。

“一杯春露冷如冰”，诗人曾一度豪情万丈的幻想，瞬间又黯淡下来。一个“冷”字，揭示出时间的无情、自然规律的冰冷无情和诗人无可奈何的绝望情绪。

诗末两句跨度极大，由对浩瀚的海水充满了无穷的幻想到瞬间的返回现实，这一时空的跳跃，落差之大，让人无法接受，然而也正是这极大的反差，才进一步烘托出了诗人深切的感伤。

全诗风格奇幻瑰丽，富于浪漫主义色彩，令人耳目一新。

◎轶闻异物录

麻　姑

麻姑是中国道教神话中的一位女神，在中国民间的影响极为广泛。国人一直对长寿有着热烈的期望，而把追求长生作为主要内容的道教也是如此。麻姑看起来是个不到二十岁的女子，自称目睹了大海三次变成陆地，因此人们就把她视为寿星。所以，在道教的神仙体系中长寿之神分为两种性别，男神仙是鼎鼎大名的彭祖，女神仙就是麻姑。

关于这位女神的来源记载很清楚。传说在中国的东部地区有一个姓王的人，学识渊博，任过朝职，后修炼成仙，他的妹妹麻姑也成了神仙。又传说麻姑是在江西省南城县境内的麻姑山进行修炼成仙的，后来这座山就成为道教所尊奉的圣地之一。

相传一年的三月三日，天上最高女神王母娘娘举行生日宴会，邀请诸位女神参加，麻姑就带着自酿的灵芝酒献给王母娘娘。这个故事就被称为“麻姑献寿”，流传于中国民间。

二月二日[①]

二月二日江上行，东风[②]日暖闻吹笙[③]。

花须[④]柳眼[⑤]各无赖[⑥]，紫蝶黄蜂俱有情。

万里忆归元亮井[⑦]，三年从事亚夫营[⑧]。

新滩莫悟游人意[⑨]，更作风檐夜雨[⑩]声。

◎注释

①二月二日：蜀地风俗，二月二日为踏青节。

②东风：春风。

③笙：一种管乐器。它是用若干根装有簧的竹管和一根吹气管装在一个锅形的座子上制成的。

④花须：花蕊，因花蕊细长如须，所以称为花须。

⑤柳眼：柳叶的嫩芽，因嫩芽如人睡眼方展，所以称为柳眼。

⑥无赖：本指人多诈狡狯，这里形容花柳都在任意地生长，从而撩起游人的羁愁。

⑦元亮井：这里指故里。元亮，东晋诗人陶渊明的字。

⑧亚夫营：这里借指柳仲郢的军幕。亚夫，即周亚夫，汉代的将军，他曾屯兵在细柳（在今陕西咸阳西南）防御匈奴，以军纪严明著称，后人称为“亚夫营”“细柳营”或“柳营”。

⑨新滩莫悟游人意：一作“新春莫讶游人意”。游人：作者自指。

⑩夜雨：“雨夜”。

◎译文

二月二日这一天春游到江上，春风和畅阳光送暖乐曲悠扬。
花蕊如须柳芽如眼婀娜多姿，紫蝶黄蜂盘旋飞舞情意更长。
客居万里之外常思回归故里，柳伶郑处供职已有三年时光。

江上的新滩不理解我的心意，风吹雨打屋檐似的哗哗作响。

◎创作背景

唐宣宗大中五年（851 年）秋，李商隐的妻子王氏亡故。为谋生，他不得不应东川节度使柳仲郢之辟，入幕任节度书记，于同年十月撇下幼女稚子，只身远赴梓州（州治在今四川三台），开始了他一生中最后也是时间最长的一次幕府生涯。此诗应作于唐宣宗大中八年（854 年），即诗人在柳幕的第三年。

◎赏析

这首诗通过描写江间春色，反衬诗人自己凄苦的身世。

“二月二日江上行 ，东风日暖闻吹笙”，点明踏青节江上春游及春游时的最初感觉和印象。“东风日暖”和“闻吹笙”分别从听觉和感觉写出了踏青江行的感受——到处是暖洋洋的春意。

“花须柳眼各无赖，紫蝶黄蜂俱有情”，采用拟人手法，不仅写出了春天绚烂色彩，还把春天里的生命与活力都表现了出来。如“花”“柳”“蜂”“蝶”都在东风旭日中显示出生命的活力，散发着春天的气息。然而，这些作为春的标志与生命活力的象征，又都和失去了人生的春天的诗人形成鲜明对照，具体体现在诗句中的“各”与“俱”字，仔细体会，你就不难发觉“各”与“俱”中透露出的隐痛是诗人逃脱不了的宿命，似乎诗人写江间春色，写物遂其情，正是为了要反衬出自己的沉沦身世与凄苦心境。

“万里忆归元亮井，三年从事亚夫营”，转写长期寄幕思归之情。“元亮井”“亚夫营”虽是用典，却像随手拈来，信口道出。他曾说自己“无文通半顷之田，乏元亮数间之屋”，可见诗人连归隐躬耕的起码物质条件也没有。“万里”“三年”，表面上是写空间的悬隔，时间的漫长，实际上正是抒写欲归不能的苦闷和无奈。

“新滩莫悟游人意，更作风檐夜雨声”，写新滩流水在作者耳中引起的特殊感受。春江水涨，新滩流水在一般游春者听来，自然是欢畅悦耳的春之歌；但在思归不得的天涯羁旅的作者耳中，却像是午夜檐间风雨的凄凉之声，不断撩动着自己的羁愁，所以发出“新滩莫悟游人意”的嗟叹。

这首诗前边写自然景物赏心悦目的“美”，后边写自己失意后凄苦不堪的“愁”，情景结合得极其紧密，使整首诗成为一个统一体，这是诗人的匠心独具之处，因为，诗人要写离愁，却偏偏要追求美的诗意而要把景物写得很美，使这春景越美，就越能够衬托出作者内心的愁意有越浓，使整首诗以乐境反衬愁思，取得了异样的艺术效果。

◎轶闻异物录

隋唐踏青

踏青，是中国自古就有的传统民俗活动，而隋唐时期踏青更是普及。每当春暖花开时节，人们便成群结队地去游春。

唐开始人们在清明扫墓的同时，也伴之以踏青游乐的活动，于是“清明”与“上巳”渐渐有融合的趋势。

唐代踏青的盛行可以从很多诗句中反映出来。如杜甫诗：“江边踏青罢，回首见旌旗。”孟浩然有“岁岁春草生，踏青二三月。”据史载，唐代从农历正月十五至清明节的近两个月时间里，一直有人热衷于踏青。如据《开元天宝遗事》载：“都人士女，每至正月半，各乘车跨马，供帐于园圃或郊野中，为探春之宴。”正月十五时，青草或许刚冒出小芽，然而性急的城里人就开始了“探春”活动。另据《旧唐书》记载，唐代宗曾在农历二月初二前往郊外踏青：“大历二年二月壬午，（代宗）幸昆明池踏青。”李淖在《秦中岁时记》也记载云：“唐上巳日，赐宴曲江，都人于江头禊饮，践踏青草，曰踏青。”唐代郊外踏青活动的盛行，由此可见一斑。

重过圣女祠[①]

白石岩扉[②]碧藓滋，上清[③]沦谪得归迟[④]。

一春梦雨[⑤]常飘瓦，尽日[⑥]灵风[⑦]不满旗。

萼绿华来无定所，杜兰香[⑧]去未移时。

玉郎[⑨]会此通仙籍[⑩]，忆[⑪]向天阶[⑫]问[⑬]紫芝[⑭]。

◎注释

① 圣女祠:《水经·漾水注》:“武都秦冈山，悬崖之侧，列壁之上，有神像,若图指状妇人之容,其形上赤下白,世名之曰‘圣女神’。”武都，在今甘肃省陇南市，是唐代由陕西到西川的要道。题内的“圣女祠”，或以为实指陈仓（今陕西宝鸡市东）与大散关之间的圣女神祠。

② 白石岩扉：指圣女祠的门。

③ 上清：道教传说中神仙家的最高天界。《灵宝本元经》:“四人天外曰三清境，玉清、太清、上清，亦名三天。”

④ 沦谪得归迟：谓神仙被贬谪到人间，迟迟未归。此喻自己多年蹉跎于下僚。沦：一作“论”。

⑤ 梦雨：迷濛细雨。屈原《九歌》“东风飘兮神灵雨。”王若虚《滹南诗话》引萧闲语:“盖雨之至细若有若无者谓之梦。”

⑥ 尽日：终日，整天。《淮南子·氾论训》:“尽日极虑而无益于治，劳形竭智而无补于主。”

⑦ 灵风：神灵之风。《云笈七签》:“灵风扬音，绿霞吐津。”

⑧ 杜兰香：神话传说中的仙女。典出晋人曹毗所作《杜兰香传》。据传她是后汉时人，三岁时为渔父收养于湘江边，长至十余岁，有青童灵人自空而降，携之而去。临升天时谓其父曰:“我仙女杜兰香也，有过谪人间，今去矣。”

⑨ 玉郎：道家所称天上掌管神仙名册的仙官。《金根经》："青宫之内北殿上有仙格，格有学仙簿录，及玄名年月深浅，金简玉札，有十万篇，领仙玉郎所掌也。"冯注引《登真隐诀》："三清九宫并有僚属，其高总称曰道君，次真人、真公、真卿，其中有御史、玉郎，诸小辈官位甚多。"此引玉郎，或云自喻；或云喻柳仲郢，时柳奉调将为吏部侍郎，执掌官吏铨选。

⑩ 通仙籍：指取得登仙界的资格（古称登第入仕为通籍）。

⑪ 忆：这里指向往、期望。

⑫ 天阶：天宫的殿阶。唐·韩愈《月蚀诗效玉川子作》："无梯可上天，天阶无由有臣踪。"

⑬ 问：求取。

⑭ 紫芝：一种真菌，古人以为瑞草，道教以为仙草。王充《论衡·验符》："建初三年，零陵泉陵女子傅宁宅，土中忽生芝草五本，长者尺四五寸，短者七八寸，茎叶紫色，盖紫芝也。"《茅君内传》："句曲山有神芝五种，其三色紫，形如葵叶，光明洞彻，服之拜为龙虎仙君。"此喻指朝中的官职。

◎译文

圣女祠的白石门边长满碧绿的苔藓，
从上清仙境谪落此地迟迟未得回还。
春天里蒙蒙细雨常洒向大殿的青瓦，
整日里神风微弱吹不动祠中的旗幡。
萼绿华自由自在说来就来居无定所，
杜兰香青童接驾说走就走立时归返。
玉郎与圣女相会于此并给通报仙籍，
圣女想一起登天阶服紫芝位列众仙。

◎创作背景

唐文宗开成二年（837 年）冬，兴元军节度使令狐楚病卒，李商隐随丧回长安，途经这里，曾作《圣女祠》诗。据张采田《玉溪生年谱会笺》，唐宣宗大中九年（855年）末至大中十年（856年）初，东川节度使柳仲郢奉调还朝，李商隐又随自梓州返回长安，再次往返这里。于是写此诗寄托感慨，因题作“重过圣女祠”。

◎赏析

这首诗歌咏一位“上清沦谪”的圣女及其居所圣女祠，融合了诗人自己遇合如梦、无所依托的人生体验，含蓄地寄寓了诗人的今昔之感。

“白石岩扉碧藓滋，上清沦谪得归迟”，写祠前所见，从“白石”“碧藓”相映的景色中勾画出圣女所居的清幽寂寥，暗透其“上清沦谪”的身份和幽洁清丽的风神气质，并正面揭出全篇主意：沦谪下界，迟迟未能回归天上。

“一春梦雨常飘瓦，尽日灵风不满旗”，写圣女祠的景色，渲染祠堂的神秘气氛。诗人所看到的，自然只是一段时间内的景象，但由于细雨轻风连绵不断的态势所造成的印象，竟仿佛感到它们“一春”常飘、“尽日”轻扬了。眼前的实景中融入了想象的成分，意境便显得更加悠远，给人以只可意会而难以言传朦胧美感，而诗人凝望时沉思冥想之状仿佛就在读者面前。

“萼绿华来无定所，杜兰香去未移时”，写圣女行踪飘忽，将“圣女”沦谪不归、长守幽寂之境的身世遭遇从不同的侧面成功地表现出来。

“玉郎会此通仙籍，忆向天阶问紫芝”，追述当年初过时的际遇，抚今追昔。“忆”字贯通上下两句，唤起今昔之感，不言而黯然神伤。“天阶问紫芝”与“岩扉碧藓滋”正构成天上人间的鲜明对照。

这首诗意境缥缈沉郁，成功地塑造了一位沦谪不归、幽居无托的圣女形象。有的研究者认为诗人是托圣女以自寓，是借咏圣女而寄其身世沉沦之慨；有的则认为是托圣女以寄作者爱情方面的幽渺之思。

◎轶闻异物录

武都红女祠

武都红女祠位于甘肃省武都区城北两公里的五凤山麓。楼阁悬空立柱，精巧古朴，仙居俨然。洞背鸟语花香，林壑千岩竞秀，水濂百丈垂空，时流时飞，泻于仙洞之侧流出。

据《武阶备志》记载：红女祠初建于唐代。相传在唐代以前，有一个善良、勤劳的姑娘，名叫红玉，是王母娘娘的小女下凡，生得如花似玉。可是，她遇上了一个狠心的婆家，对她百般虐待。红女白天做庄稼，忙家务，晚上彻夜纺线，可还是受气挨打。她实在受不了婆婆的刁难与折磨，万般无奈，便跳崖自尽，香消玉殒。后来，红女得道成神，向王母请求永住人间。从此，她拯救万民，福佑四方。后人为了纪念这位福佑万民的神女，就在五凤山麓石岩洞立祠祭祀她，并在她得道成神之日大兴佛事，年年相承，遂发展成为大型庙会，而清水、诵经便成为庙会期间主要的佛事活动。据《武阶备志》记载，晚唐诗人李商隐曾两次游历红女祠,并写下《过圣女祠》和《重过圣女祠》两首诗，怜其寂寞、凄清的境地。

忆 梅

定定[①]住天涯[②]，依依向物华[③]。

寒梅[④]最堪恨[⑤]，常作去年花[⑥]。

◎注释

① 定定：唐时俗语，相当于现在的“牢牢”。

② 住天涯：一作“任天涯”。天涯：此指远离家乡的地方——梓州。梓州（州治在今四川三台）离长安一千八百余里，以唐代疆域的辽阔而称“天涯”。

③ 物华：万物升华，指春天的景物。

④ 寒梅：早梅，多于严冬开放。

⑤ 恨：怅恨，遗憾。

⑥ 去年花：指早梅。因为梅花在严冬开放，春天的时候梅花已经凋谢，所以称为“去年花”。

◎译文

长久滞留在远离家乡的地方，
依依不舍地向往着春天景象。
寒梅常抱怨人们对她的误解，
因为总把她当作去年开的花。

◎创作背景

唐宣宗五年（851年）春夏间，李商隐妻王氏病逝。是年，被任命为节度使的邀请李商隐随自己去西南边境的任职，李商隐接受了参军的职位，于十一月入川赴职。在四川的幕府生活的四年间，李商隐大都郁郁寡欢，但梓幕生活也是李商隐宦游生涯中最平淡稳定时期，此时李商隐已无心无力去追求仕途的成功。这首诗是李商隐任职于梓州柳仲郢幕府后期之作。此诗写在百花争妍的春天，在作诗之时寒梅早已开过，所以题为“忆梅”。

◎赏析

这首诗通过描写春日游玩,不见梅花的事,表达诗人怀才不遇。

“定定住天涯”，这是一个痛苦的灵魂所发出的声音。诗人感到自己像是永远地被钉在这遥远的异乡土地上了，反映出诗人的思绪并不在梅花上，而是因为长期留滞在异乡而苦恼。“天涯”在这里与其说是地理上的遥远，不如说是心理上的遥远感，是诗人在仕途抑塞、妻子病逝的情况下来到千里之外的梓州，独居异乡，寄迹幕府，倍感到孤孑苦闷的意绪表达。“定定”带有强烈的苦闷和难以名状的厌烦情绪，是诗人为思乡之情、留滞之悲所苦的精神写照。

“依依向物华”，诗人在明媚的春光中想寻找内心的安慰，于是,从内心深处升起-种对美好事物的无限向往之情。“物华”指眼前美好的春天景物。“依依”形容面对美好春色时无限流连的意绪。第二两句诗的感情似乎与第一句截然相反，但是，两种相反的感情却是相通的。

“寒梅最堪恨，常作去年花”，诗境又出现了重大转折，面对姹紫嫣红的“物华”，诗人不禁想到了梅花。它先春而开，到百花盛开时，却早已花凋香尽，令诗人徒留遗憾，便不免对它怨恨起来了。“恨”正是“忆”的发展与深化，是殷切期盼之后的失望而转化成的怨恨。而这“常作去年花”的“寒梅”正是诗人不幸身世的象征，诗写到这里，黯然而收，透出一种不言而神伤的情调。

全诗浑然天成，一意贯串，无刻意雕镂，却在曲折中见浑成，于繁多中见统一，达到了有神无迹的境界，突显出诗人高超的艺术手段。

◎轶闻异物录

古代的幕府制度

“幕府”原指古代将军的府署，亦指运筹帷幕之大将。在中国古代，权臣、戎帅、疆吏、牧守等有引荐亲信士人以入府署参与行事决策的制度，即“幕府制度”。后世将地方军政大吏的府署称作幕府。幕府中的僚属称幕僚。幕僚同编入正规官制的官吏有明显的区别，其主要功能：置备顾问、咨议谋划、参与决策、掌握机要、典属文书，乃至迎接宾客、经办庶务或代主巡行出使等，其中尤以参议决策和掌握机要为重。

幕府制度在实施封建统治中具有特殊的作用，上可溯到夏、商的家臣、西周的命士、战国的养士。而真正意义上的幕府制度则形成于秦汉，成熟于魏晋。

秦汉是封建官制体系草创时期，分工不细，机制不完备，各级长官难以单独完成朝廷赋予的职守。于是，三公郡守开府自辟掾属、令史以为辅佐差使，并成为一种制度而保存下来。

魏晋南北朝时期的封建官制紊乱，政治动乱，幕僚职能空前活跃，使幕府制度发展成熟，甚至幕府成为取代中央的霸府，并转换成新王朝的行政中枢。隋、唐统治者一度废禁自辟幕僚制度，但此后仍延续下来，并日趋完善。唐代节度使幕府编制是法定的，辟用方式更加多样，拓宽了自聘幕僚的途径，强化了幕主与幕僚之间的主客关系。

宋代中央对幕府制度限制较严，聘用由自辟改为中央任命，大量幕职编入正官，意味着直接向中央政权负责，又有监督主官的职能。金、元、明三代为加强中央集权制，基本上采取了宋代的做法。

清代的职官制度更加完备，分工细化，由国家委派幕职的制度已无存在意义，于是，幕僚又变为私聘。地位也已不能像古之长史参军那样与正官相提并论了。

筹笔驿[1]

猿鸟[2]犹疑[3]畏简书[4]，风云常为护储胥[5]。

徒令上将[6]挥神笔，终[7]见降王[8]走传车[9]。

管[10]乐[11]有才终不忝[12]，关张[13]无命欲[14]何如？

他年[15]锦里[16]经祠庙，梁父吟[17]成恨有余。

◎注释

①筹笔驿：旧址在今四川省广元市北。《方舆胜览》："筹笔驿在绵州绵谷县北九十九里，蜀诸葛武侯出师，尝驻军筹划于此。"

②猿鸟：指猿类和鸟类。鸟：一作"鱼"。

③疑：惊。

④简书：指军令，古人将文字写在竹简上。

⑤储胥：指军用的篱栅。

⑥上将：主帅，这里指诸葛亮。

⑦终：一作"真"。

⑧降王：指后主刘禅。

⑨走传车：魏元帝景元四年（263年），邓艾伐蜀，后主出降，全家东迁洛阳，出降时也经过筹笔驿。传车：古代驿站的专用车辆。

⑩管：管仲，春秋时齐相，曾佐齐桓公成就霸业。

⑪乐：乐毅，战国时人，燕国名将，曾大败强齐。

⑫终不忝：真不愧。诸葛亮隐居南阳时，每自比管仲、乐毅。

⑬关张：关羽和张飞，均为三国时蜀国大将。

⑭欲：一作"复"。

⑮他年：作往年解。

⑯锦里：在成都城南，有武侯祠。

⑰ 梁父吟：古乐府中一首葬歌。《三国志》说诸葛亮躬耕陇亩，好为梁父吟。借以抒发空怀济世之心，聊以吟诗以自遣。这里的“梁父吟”即指这首诗。

◎译文

猿猴和小鸟惊畏丞相的严明军令，
风云常常护着他军垒的藩篱栏栅。
诸葛亮徒然在这里挥笔运筹划算，
后主刘禅最终却乘坐邮车去投降。
孔明真不愧有管仲和乐毅的才干，
关公张飞已死他又怎能力挽狂澜？
往年我经过锦城时进谒了武侯祠，
曾经吟诵了梁父吟为他深表遗憾。

◎创作背景

唐宣宗大中九年（855年），诗人在结束梓州幕任职后随柳仲郢回长安，途经筹笔驿，怀古伤今，写下了这首诗以凭吊诸葛亮。

◎赏析

这首诗描写了诸葛亮的神威，赞颂了诸葛亮的雄才大略，分析了诸葛亮功业未就的原因，表达了作者对诸葛亮功业未成的遗憾。

“猿鸟犹疑畏简书，风云常为护储胥”，设想较奇，把鱼鸟、风云人格化，通过鱼鸟、风云的状态来突出诸葛亮的善于治军，衬托了诸葛亮的军事才能。“猿鸟”和“风云”是作者想象中的事物，有着特别的象征意义，起到渲染气氛的作用，是政治化实为虚、实景虚用、以宾拱主的艺术创作手法的运用。

“徒令上将挥神笔，终见降王走传车”，讽刺不争气的后主刘禅投降做俘虏，被驿车押送到洛阳去了的历史故实。作者用“徒令”和“终见”反跌一笔，深叹像诸葛亮这样的杰出人物，终于不能挽回蜀国的败亡。

“管乐有才终不忝，关张无命欲何如”，分析蜀国的败亡的原因。诗人好用典故，不问时代先后，都可以在他的诗境中同时出现：管仲是春秋时人，乐毅是战国时人，而关羽、张飞是三国时期的人，诗人在此是借古用事以喻今事。

“他年锦里经祠庙，梁父吟成恨有余”，既是写诸葛亮之“遗恨”，又是作者“隐然自喻”。以一抑一扬的议论来表现“恨”的情怀，显得特别婉转有致，表达了诗人对诸葛亮的景仰之情。

这首诗把诸葛亮和他的事业放在尖锐复杂的环境中去考察，在对立统一的矛盾运动中去认识历史人物，总结历史经验，波澜起伏，跌宕生姿，给读者留下深刻的印象。在写作手法上，这首诗也别具一格：议论以抑扬交替之法，衬托以宾主拱让之法，用事以虚实结合之法，表现出诗人深厚的艺术功力。

◎轶闻异物录

扇

扇子最早出现在商代，是用五光十色的野鸡毛制成，称之为“障扇”。当时，扇子不是用来扇风取凉，而是作为帝王外出巡视时遮阳挡风避沙之用。西汉以后，扇子开始用来取凉。

羽扇出风缓软，不入腠理。东汉时，大都改羽扇为丝、绢、绫罗之类织品，以便点缀绣画。一轮明月形的扇子称之为“纨扇”或“团扇”，也叫“合欢扇”。当时扇子有长圆、葵花、梅花、六角、匾圆形；也有木、竹、骨等材之柄；还有扇坠、流苏、玉器之饰。

宋以前称扇子，都指团扇。王昌龄《长信愁》诗：“奉帚平明秋殿开，且将团扇共徘徊”。

锦 瑟

锦瑟[①]无端[②]五十弦，一弦一柱思华年[③]。

庄生晓梦迷蝴蝶[④]，望帝[⑤]春心托杜鹃。

沧海月明珠有泪[⑥]，蓝田[⑦]日暖玉生烟。

此情可待成追忆，只是当时已惘然[⑧]。

◎注释

①锦瑟：漆有织锦纹的瑟。瑟：弦乐器，似琴，长近三米，古有五十根弦，后为二十五根或十六根弦，平放演奏。

②无端：平白无故，无缘由。

③华年：青春年少时光。

④庄生晓梦迷蝴蝶：庄周梦见自己变成了蝴蝶，醒后发觉自己还是庄周，因此感到困惑。典出《庄子·齐物论》。这里引用这个故事，说明人生如梦，往事如烟。

⑤望帝：传说战国时蜀王杜宇，号望帝，因水灾让位退隐山中，死后化作杜鹃，日夜悲鸣，泪尽继而流血。后用作杜鹃的别称。

⑥珠有泪：传说海中有鲛人，其泪化为珍珠。《博物志》载："南海外有鲛人，水居如鱼，不废绩织，其眼泣则能出珠。"

⑦蓝田：地名，在今陕西省蓝田县，古代著名的美玉产地。《元和郡县志》："关内道京兆府蓝田县：蓝田山，一名玉山，在县东二十八里。"

⑧惘然：模糊不清的样子。这里有失意、迷茫的意思。

◎译文

精美的瑟为什么竟有五十根弦，

一弦一柱都叫我追忆青春华年。

庄周翩翩起舞睡梦中化为蝴蝶，
望帝把自己的幽恨托身于杜鹃。
明月沧海鲛人流下了滴滴眼泪，
蓝田日暖玉石才能够化作青烟。
唯此深情留给岁月去凭吊追忆，
因那时心中无所适从一片茫然。

◎创作背景

此诗约作于作者晚年。对《锦瑟》一诗的创作意旨历来众说纷纭，莫衷一是，或以为是爱国之篇，或以为是悼念追怀亡妻之作，或以为是自伤身世、自比文才之论，或以为是抒写思念侍儿之笔。《史记·封禅书》载古瑟五十弦，后一般为二十五弦。但此诗创作于李商隐妻子死后，故五十弦有断弦之意（一说二十五弦的古瑟琴弦断成两半，即为五十弦），但即使这样它的每一弦、每一音节，都足以表达对那美好年华的思念。

◎赏析

这首诗是李商隐的代表作。对于这首诗的意旨千百年来众说纷纭，莫衷一是，大体而言，以“悼亡”和“自伤”说者为多。本书编著者倾向于诗人“自伤”诗。

“锦瑟无端五十弦，一弦一柱思华年”，诗人借秦帝与素女的典故喻象，暗喻诗人与众不同，别人只三弦、五弦，而诗人之瑟却有五十弦之多。真是得天独厚之天才。暗示他天赋极高，多愁善感，锐敏幽微。比兴用得十分高妙。“一弦一柱”，追忆青春恋爱的年华。首联总起，引领下文，以下都是追忆美好的青春。但又美景不长，令人失落惆怅。

“庄生晓梦迷蝴蝶，望帝春心托杜鹃”，写佳人锦瑟，一曲繁弦，惊醒了诗人的梦境，不复成寐。诗人用《庄子》“梦蝶”典故，表达自己的无限悲感和难言的怨怼之情。一个“托”字，

不但写了杜宇托春心于杜鹃，也写了佳人托春心于锦瑟，手挥目送间，花落水流之趣。诗人妙笔奇情，于此达到高潮。

“沧海月明珠有泪，蓝田日暖玉生烟”，前一句把几个典故糅合在一起，珠生于蚌，蚌居于海，每当月明宵静，蚌则向月张开，以养其珠，珠得月华，始极光莹。这是美好的民间传说。在诗人笔下，皎月落于沧海之间，明珠浴于泪波之界，形成一个难以分辨的妙境。“蓝田”“沧海”，对仗，造成异样鲜明强烈的对比。而就字面讲,“蓝田”对“沧海”,非常工整,因为“沧”字本义是青色。从诗人在词藻上的考究，可以看出他的才华和功力。

“此情可待成追忆，只是当时已惘然”，这是诗人借锦瑟而自况。对于一般普通人，往往是人到老年，追思以往：深憾青春易逝、功业无成、光阴虚度、碌碌无为而悔恨无穷，但天资聪敏的诗人，则事在当初，就早已先知先觉，却无可奈何，无限惘然。“此情”二字与“华年”呼应。

诗中大量借用庄生梦蝶，杜鹃啼血，沧海珠泪、良田生烟等典故，采用比兴手法，运用联想与想象，把听觉感受转化为视觉形象，以片段意象的组合创造出朦胧的境界，从而借助可视可感的诗歌形象来传达诗人真挚浓烈而又幽约深曲的情思。

◎轶闻异物录

诗题“锦瑟”之谜

《锦瑟》是李商隐的代表作品之一。有人说此诗是睹物思人，是写给故去的妻子王氏的悼亡诗；也有人认为是写给的李商隐曾经的恋人——令狐楚家一个叫“锦瑟”的侍女，此时，那位叫“锦瑟”的侍女已经与李商隐阴阳两隔；还有些人认为中间四句诗可与瑟的

“适”“怨”“清”“和”四种声情相合，从而推断为描写音乐的咏物诗；也有人认为诗题“锦瑟”，并非咏物，不过是按古诗的惯例以篇首二字为题，实是借瑟以隐题的一首；此外还有认为是影射政治、自叙诗歌创作等许多种说法。千百年来众说纷纭，莫衷一是，大体以“悼亡”和“自伤”说者为多。

此诗是李商隐最难索解的作品之一，诗家素有“一篇《锦瑟》解人难”的慨叹。作者在诗中追忆了自己的青春年华，伤感自己不幸的遭遇，寄托了悲慨、愤懑的心情，大量借用《杜鹃啼血》《沧海珠泪》《良玉生烟》等典故，采用比兴手法，并运用联想与想象，把听觉的感受，转化为视觉形象，以片段意象的组合，创造出朦胧的境界，从而借助可视可感的诗歌形象来传达其真挚浓烈而又幽约深曲的情思。同时，全诗词藻华美，含蓄深沉，情真意长，感人至深。

李商隐天资聪颖，文思锐敏，二十出头考中进士，举鸿科大考遭人嫉妒未中刷下，从此怀才不遇；在“牛李党争”左右为难，两方猜疑，屡遭排斥，大志难伸；又因写诗抒怀，遭人贬斥；中年遭遇丧妻之痛。这一系列的人生遭遇，促使李商隐内心有着深深的隐痛，此诗应在此背景下创作。所以，你可以理解为悼念亡妻，也可以理解为怀念心中的恋人，还可以理解为感伤自身遭遇。

夜雨寄北[1]

君[2]问归期[3]未有期，巴山[4]夜雨涨秋池[5]。

何当[6]共[7]剪西窗烛[8]，却话[9]巴山夜雨时。

◎注释

①寄北：寄北：写诗寄给北方的人。诗人当时在巴蜀（现在四川省），他的亲友在长安，所以说“寄北”，也表达诗人对北方亲友的怀念。

②君：对对方的尊称，等于现代汉语中的“您”。

③归期：指回家的日期。

④巴山：指大巴山，在陕西南部和四川东北交界处。这里泛指巴蜀一带。

⑤秋池：秋天的池塘。

⑥何当：什么时候。

⑦共：副词，用在谓语前，表示动作行为是由两个或几个施事者共同发生的，可译为“一起”。

⑧剪西窗烛：剪烛，剪去燃焦的烛芯，使灯光明亮。这里形容深夜秉烛长谈。“西窗话雨”“西窗剪烛”用作成语，所指也不限于夫妇，有时也用以写朋友间的思念之情。

⑨却话：回头说，追述。

◎译文

你问我何时回家？我回家的日子现在定不下来。
此时我能告诉你的就是这涨满秋池的巴山夜雨。
如果有那么一天，我们俩同坐西窗下共剪烛花，
那时我们聊得最多的大概就是今宵的巴山夜雨。

◎创作背景

这首诗选自《玉溪生诗》卷三，是李商隐留滞巴蜀（今四川省）时寄怀长安亲友之作。因为长安在巴蜀之北，故题作《夜雨寄北》。

在南宋洪迈编的《万首唐人绝句》里，这首诗的题目为《夜雨寄内》，意思是诗是寄给妻子的。他们认为，李商隐于大中五年（851年）七月赴东川节度使柳仲郢梓州幕府，而王氏是在这一年的夏秋之交病故，李商隐过了几个月才得知妻子的死讯。

现传李诗各本题作《夜雨寄北》，“北”就是北方的人，可以指妻子,也可以指朋友。有人经过考证认为它作于作者的妻子王氏去世之后，因而不是“寄内”诗，而是写赠长安友人的。

◎赏析

这首抒情诗通过描写今日身处巴山倾听秋雨时的寂寥之苦和想象着来日聚首之时的幸福欢乐，来表达诗人孤寂的情怀和对妻子深深的怀念

“君问归期未有期”，点题，让人感到这是一首代信的诗。诗前省去一部分内容，从而让人猜测：此前诗人已收到妻子的来信，妻子在信中盼望丈夫早日回归故里。诗人自然也希望能早日回家团聚。但因各种原因，愿望一时还不能实现，故诗句中流露出离别之苦，思念之切。

“巴山夜雨涨秋池”，诗人告诉妻子自己身居的环境和心情。“巴山夜雨”是诗人借用这个能够寄离人情思的景物来表他对妻子的无限思念，使人仿佛看到在某个秋雨绵绵的夜晚，池塘涨满了雨水，诗人独自倚在床头凝思。想着此时此刻生活在家中的妻子的心境，回忆他们从前在一起时的美好时光，独自咀嚼着孤独的忧伤画面。

“何当共剪西窗烛，却话巴山夜雨时”，这是诗人对未来团

聚时幸福之情的想象。诗人满腹的寂寞、思念，只能寄托于将来：当诗人返回故乡，同妻子在厢房的窗下窃窃私语，互诉衷肠时，忘记了时间而至夜深，以致蜡烛结出了蕊花，但是，他们仍有叙不完的离情，于是，他们一起剪去烛花，继续言说重逢后的喜悦。这种相见时的喜悦与离别时的痛苦形成强烈对比，感动着读者的心。

“巴山夜雨”在首末重复出现，令人回肠荡气。“何当”紧扣“未有期”，有力地表现了作者思归的急切心情。诗人用朴素的语言，抒发着真切的情意，将痛苦与喜悦交织一起，变换着时空，吸引着无数读者，千百年来折服多少读者。

这首诗构思新巧，跌宕有致，在遣词、造句上看不出修饰的痕迹，与诗人大部分的诗词所表现出来的辞藻华美，用典精巧，长于象征、暗示的风格不同，这首诗质朴、自然，是诗人即兴写来，语言虽朴实，但却有着无穷的感染力，同样具有“深而措辞婉”的艺术特色，奠定了李商隐唐诗大家的地位。

◎轶闻异物录

一门三进士

李商隐家一门三进士。

第一位进士是李商隐的曾祖爷爷安阳君李叔洪，十九岁举中进士第，始命于安阳（今属河南）县尉，二十九岁逝世，葬于怀州雍店之东。关于李叔洪的事迹史籍记载得很少。

第二位是李商隐的父亲李嗣，曾任殿中侍御史，在李商隐出生的时候，李嗣任获嘉（今属河南）县令，在李商隐大约不满十岁时去世。

第三位就是李商隐本人。唐文宗开成二年（837 年），李商隐二十五岁时由令狐楚的儿子令狐绹推举得中进士，曾任秘书省校书郎、尉等职。因卷入“牛李党争”的政治漩涡而备受排挤，一生困顿不得志。

李商隐曾自称与唐朝皇族同宗，经考证确认李商隐是唐代皇族远房宗室，但无历史文献证明此事。李商隐在诗歌和文章中数次申明自己的皇族宗室身份，但这没有给他带来任何实际的利益。李商隐的家世，有记载的可以追溯到他的高祖李涉。李涉曾担任过的最高级的行政职位是美原（治今陕西富平西北）县令。祖父李俌，曾任邢州（治今河北邢台）录事参军。

隋宫·七言绝句

乘兴南游不戒严，九重[①]谁省谏书函。

春风举国裁宫锦，半作障泥[②]半作帆。

◎注释

①九重：指皇帝所居。

②障泥：马鞯下面挡尘土的布。

◎译文

隋炀帝为南游江都不顾安全，
九重宫中有谁理会劝谏书函。
春游中全国裁制的绫罗锦缎，
一半作御马障泥一半作船帆。

◎创作背景

此诗约作于唐宣宗大中十一年（857年），李商隐被柳仲郢推荐任盐铁推官，游江东。出于对社稷的担忧，借写隋炀帝荒淫误国劝谏当朝以史为鉴。

◎赏析

这首七绝是首咏史诗，诗人通过精心选材和独特构思，仅用二十八字就在惊人的广度和深度上揭露了隋炀帝杨广荒淫、害民的本质。

“乘兴南游不戒严”，极写隋炀帝由荒淫而到智昏、不顾常理的地步。他在耗费巨大的人力、物力、财力凿通大运河以后，一而再，再而三地“乘兴南游”。“不戒严”三字活脱脱地勾画出了隋炀帝乐其所乐，不顾一切，得意至于忘形的心态。

“九重谁省读书函”，继续写隋炀帝的昏庸残暴。隋炀帝因奢侈淫逸而昏庸残暴，而昏庸残暴的德行，又促其奢侈淫逸。“谁”实指隋炀帝。隋炀帝手下官员崔民象，目睹各地民不聊生、动乱频发，曾上表劝谏隋炀帝戒奢节俭，结果被杀。“谁省”有力地揭露出隋炀帝根本不把属下的劝谏放在眼里，完全不顾民心的向背，一意孤行、昏暴腐朽的行径。

“春风举国裁宫锦，半作障泥半作帆”，写隋炀帝南游时，竭尽全国财力，把贵重的宫锦用作马鞯、船帆，民脂民膏被如此挥霍、作践，而普天之下的百姓都遭到隋炀帝南游人马的骚扰，简直已到了不能忍受的地步。那潜在的灭国危机，那澎湃的覆舟之水，毕见于读者眼底。

这首诗诗人兼用了铺写、夸张、讽刺的手法描写了炀帝出游的情景，批评了炀帝的荒淫、奢侈。全诗层层深入，以小见大，寓意深刻。在深刻揭示隋王朝灭亡的历史原因中借古讽今，意境深远。

◎轶闻异物录

隋炀帝杨广

隋炀帝杨广（569—618），本名杨英，小字阿摐，弘农华阴（今陕西华阴市）人。隋朝第二位皇帝（604—618在位），隋文帝杨坚与文献皇后独孤伽罗嫡次子。

北周天和四年（569年）杨广出生于长安，封雁门郡公。开皇元年（581年），立为晋王，率军消灭陈朝，谋划夺嫡事宜。开皇二十年（600年），册立为皇太子。仁寿四年（604年）七月，正式即位。杨广当政十四年，不务国事，却开凿了两千余里的运河，以便他由洛阳乘舟到江都游玩。他还打算游幸杭州，为此特意开凿了八百里的江南河。沿河广建行宫，耗尽民脂民膏。他在位十四年中，曾三次巡游江都，乘坐的龙舟前后相接，长达二百余里，锦帆过处，香闻十里。每次随行人员竟多达二十万人，拖船的民夫多达八、九万人。

杨广大修隋朝大运河，营建洛阳（东都）、迁都洛阳，改州为郡，改度量衡依古式，频繁发动战争、滥用民力、穷奢极欲，引发了大规模农民起义，天下大乱，导致了隋朝彻底崩溃灭亡。

隋宫[①]·七言律诗

紫泉[②]宫殿锁烟霞[③]，欲取芜城[④]作帝家[⑤]。
玉玺[⑥]（xǐ）不缘归日角[⑦]，锦帆[⑧]应是到天涯。
于今腐草无萤火[⑨]，终古垂杨[⑩]有暮鸦。
地下若逢陈后主[⑪]，岂宜重问后庭花[⑫]。

◎注释

① 隋宫：指隋炀帝杨广在江都（今江苏扬州市）所建的行宫。

② 紫泉：诗中用紫泉宫殿代指隋朝京都长安的宫殿。紫泉即“紫渊”，长安河名，因唐高祖名李渊，为避讳而改。

③ 锁烟霞：空有烟云缭绕。

④ 芜城：广陵（今扬州）。

⑤ 帝家：帝都。

⑥ 玉玺：皇帝的玉印。

⑦ 日角：额角突出，古人以为此乃帝王之相。此处指唐高祖李渊。

⑧ 锦帆：隋炀帝所乘的龙舟，其帆用华丽的宫锦制成。

⑨ 腐草无萤火：古人以为萤火虫是腐草变化出来的。

⑩ 垂杨：隋炀帝自板诸引河达于淮，河畔筑御道，树以柳，名曰隋堤。

⑪ 陈后主：南朝陈末代皇帝陈叔宝，荒淫亡国之君。

⑫ 后庭花：《玉树后庭花》，陈后主所创，歌词绮艳。

◎译文

长安的殿阁内弥漫着一片烟霞，
杨广还想把扬州作为帝王之家。
如果不是李渊得到传国的玉玺，

杨广的龙舟岂不游历到了天涯。
如今隋朝的宫苑中已不见萤虫，
只有低垂的杨柳和归巢的乌鸦。
假如杨广在地下和陈后主相遇，
可有心欣赏淫逸辱国的后庭花？

◎创作背景

此诗约作于唐宣宗大中十一年（857 年），是同名七绝同时之作。李商隐晚年游江东之时从国家兴亡着眼，写了这首讽刺前朝以警当世的咏史诗。

◎赏析

这首咏史吊古诗，诗人讽古是为喻今，告诫晚唐的那些荒淫腐朽、醉生梦死的统治者要以隋炀帝为戒，勤政爱民，整理好国家。

“紫泉宫殿锁烟霞，欲取芜城作帝家”，开篇点题。诗人把长安的宫殿和“烟霞”联系起来，形容它巍峨壮丽、高耸入云。用“紫泉”代替长安，也是为了选取有色彩的字面与“烟霞”相映衬，从而烘托出长安宫殿的雄伟壮丽。然而，作者笔锋一转，写如此巍峨的宫殿被空锁于烟霞之中，皇帝却更愿意住在芜城。一个“锁”字既突出了长安宫殿的雄伟，也为下句做一铺垫,使“欲取芜城作帝家”顺势而来。这两句一写景,一叙事，一暗写，一明说，写法虽异，但都是围绕着批判亡国之君这一主旨而着墨。

“玉玺不缘归日角，锦帆应是到天涯”，诗人从隋炀帝贪图游乐的众多史实中，信笔拈取他耽于乘舟出游这一典型事例，予以讽刺。用笔亦实亦虚，虚实结合。说它“实”，是因为它是以历史故实和隋炀帝贪图逸游的性格特征为依据的，所以尽管夸大其事，而终不失史实和人物性格之真；说它“虚”，是因为它揉入了诗人的艺术想象，是通过幻觉而产生出来的最高的真实的假象。

“于今腐草无萤火，终古垂杨有暮鸦”，渲染了亡国后的凄凉景象。诗中涉及有关杨广逸游的两个故实，一是放萤：杨广曾在洛阳景华宫征求萤火虫数斛，“夜出游山放之，光遍岩谷”；在江都也放萤取乐，还修了个“放萤院”。另一是栽柳：白居易在《隋堤柳》中写道：“大业年中炀天子，种柳成行夹流水；西至黄河东至淮，绿影一千三百里。大业末年春暮月，柳色如烟絮如雪；南幸江都恣佚游，应将此树映龙舟。”在这里诗人把“萤火”和“腐草”“垂杨”和“暮鸦”联系起来，于一“有”一“无”的鲜明对比中感慨今昔，深寓荒淫亡国的历史教训。这两句今昔对比，但在艺术表现上，却只表现对比的一个方面，既感慨淋漓，又含蓄蕴藉。

“地下若逢陈后主，岂宜重问后庭花”，用杨广与陈叔宝梦中相遇的历史故事，以假设、反诘的语气，把批判荒淫亡国的主题深刻地揭示了出来。诗人在这里假设杨广在地下遇见了陈后主的话，难道还好意思再请张丽华舞一曲《后庭花》吗？问而不答，余味无穷。

全诗采用比兴手法，写得灵活含蓄，色彩鲜明，音节铿锵，使诗句呈现出圆熟流美的动态效果，提高了诗歌的艺术感染力。

◎轶闻异物录

陈叔宝

陈叔宝（553—604），字元秀，小名黄奴，吴兴长城（今浙江长兴）人。陈朝的陈叔宝是南朝最后一位皇帝（583—589 在位），故名陈后主，是陈宣帝陈顼嫡长子，其母是皇后柳敬言。

陈文帝天康元年（566 年），授陈叔宝宁远将军，迁太子中庶子、侍中。陈宣帝太建元年(569 年)被册立为皇太子。太建十四年(582 年)正式即位。

陈叔宝在位期间，荒废朝政，耽于酒色，醉心诗词和音乐。陈后主祯明三年（589 年），隋军大举南下，攻破广陵、京口和都城建康，灭亡陈朝。陈叔宝受掳进入长安，封长城县公。隋文帝杨坚赐予宅邸，礼遇甚厚，陈叔宝仍旧沉湎酒色，醉生梦死。

隋文帝仁寿四年（604 年），陈叔宝病死于洛阳，终年五十二岁，追赠大将军，谥号炀，葬于洛阳邙山。

春　雨

怅卧新春白袷[①]（qiā）衣，白门[②]寥落意多违。

红楼隔雨相望冷，珠箔[③]（bó）飘灯独自归。

远路应悲春晼（wǎn）晚[④]，残宵犹得梦依稀。

玉珰[⑤]缄札[⑥]（jiān zhá）何由达，万里云罗[⑦]一雁飞。

◎注释

①袷：无领大衣。

②白门：今江苏省南京市。

③珠箔：珠帘。

④晼晚：太阳将落山的样子，如："白日晼晼其将入兮。"

⑤玉珰：是用玉做的耳坠，古代常用环佩、玉珰一类的饰物作为男女定情的信物。

⑥缄札：书信。

⑦云罗：像螺纹般的云片，阴云密布如罗网，比喻路途艰难。

◎译文

初春我身披白色便服躺在床上，
眼前寥落的景象令我万分感伤。
你住过的红楼在雨中更加凄凉，
我默然归去任珠帘在风中飘荡。
在远路奔波却已暮春令人感伤，
只有在残宵梦中才能与你相望。
我的一片痴情却无法传递给你，
漫卷的阴云中一只孤雁在飞翔。

◎创作背景

《春雨》作于唐宣宗大中四年（850 年），是诗人初到徐幕雨夜思家所作。题作“春雨”，却并非直接写春雨，而是抒写在春夜雨中的相思之情。

◎赏析

这首诗借描写飘洒迷濛的春雨，描绘主人公迷茫的心境、依稀的梦境，烘托别离的寥落、思念的真挚，隐喻着诗人难言的感情，抒发诗人哀伤的情愫。

“怅卧新春白袷衣，白门寥落意多违”，开句先点明时令，也点明自己的哀伤，同时描摹出一幅美丽凄楚的画面。二个“白”字，既烘托心情的孤寂，又暗喻主人公对爱情的忠贞不渝。

“红楼隔雨相望冷，珠箔飘灯独自归”，诗人借助描写迷蒙的春雨烘托别离的寥落与怅惘，渲染感伤之怀。“相望冷”“独自归”把想见到心上人而未能见到时的痛苦心理表达得淋漓尽致，达到了诗人用哀婉的情调刻画出主人公的失落与苦闷的写作目的。句中诗人又用“红楼”和“珠箔”这种明丽而温暖的词汇互相比照，烘托出隔雨怅望的冷和灯影前对雨帘的幻觉，创造出一种情景交融的艺术境界。

“远路应悲春晼晚，残宵犹得梦依稀”，借“春晼晚”和“万里云罗”等自然景象烘托别离的悲伤和思念的痛苦，把人物的心理与自然环境合二为一，构成浑然一体的艺术效用。“悲”和“残”的使用加深了主人公内心深处的悲凉与落寞感。

“玉珰缄札何由达，万里云罗一雁飞”，用象征性的色彩进一步渲染忧郁怅惘的情绪，赋予爱情以优美动人的形象，提升诗歌的艺术魅力。

整首诗中，作者使用红楼、珠箔、春雨、灯影等意象，加上迷茫的心境、依稀的梦境，使诗境凄美幽约；用春晚日暮和云罗万里的自然景象烘托出离别与思念的苦情。

◎轶闻异物录

古代书信的别称

古代，信件是不称“信”的，它有着种种代称。在古代书籍、诗词歌赋中就有很多关于书信的不同称谓。

书：是古代对信件最常见的一般称词。如杜甫的“烽火连三月，家书抵万金”。再如我们常说的“手书”即亲笔信。

简：在汉代以前没有纸，通信时把信的内容刻在或写在木片或竹片上。引申为信件，如“书简”“小简”。

笺：本指精美的纸张，供题写诗、词和写信等用，如“花笺”“锦笺”。一般信纸也叫笺，如“便笺”“手笺”即指信。

札：原为写字的小木片，《古诗十九首》中“客从远方来，遗我一书札”等。这里“札”即为书信之称。

牍：原也为写字之木片，《汉书·昌邑哀王传》:“笔，持牍趋谒。”故后书称公文为“文牍”。

素：古为白色的绢，用绢帛书写信，通常长一尺，称用短笺为“尺素”,如陆机《文赋》:“函绵邈于尺素”,这里的“尺素”皆为信件的代称。

以上都是用写信的材料、方式来作为信件的代称。此外，古时的信件还有一些别名。

函：指封套，相当于现在的信封，一封信就称为一函。《三国志·魏·刘晔传》:“(曹操)每有疑事，辄以函问晔，至一夜数十至耳。”引申为信件。又如“便函”“来函”。

缄：指用来捆绑器物的绳索，而用绳索的目的是将器物密封或封口，书信一般是具有保密性的，也需要密封，因此就用“缄”来代称书信。宋王禹偁《回襄阳周奉礼》:“两月劳君寄两缄。”“缄札”和“缄素”字面意思就是用绳索将写好字的木片、丝帛捆扎起来，表明是密封好的书信。唐李商隐《春雨》:“玉珰缄札何由达，万里云罗一雁飞。”明张羽《怀友》:“携赏邈难期，庶望遗缄素。”

帖：古代写在帛上的信就叫“帖”，如著名书法家王羲之、王献之的杂帖，就是文字简单情义隽永的书信。

启：作为信件的别称，表示陈述之意，与开启的“启”有区别。旧时书札亦称“书启”。

双鲤：指用两块雕刻有鲤鱼图案用来放书信的木盒，也就是书信的封套，代称书信。唐刘禹锡《途中送崔司业使君扶持赴唐州》:“相思望淮水，双鲤不应稀。”也有称为双鱼的，唐杜甫《送梓州李使君之任》:“五马何时到,双鱼会早传。”因此“双鲤”“鲤鱼”“鱼素”“鱼雁”等也是书信的别名。

鸿雁：它在文学作品中常被比作书信。其典出《汉书·苏武传》:“天子射上林中得雁，足有系帛书，言武等在某泽中。”由此还引出“北海雁书”“鸿雁传书”等书信别称词，有“雁足”“雁帛”“雁书”等。

尺牍：古代官府规定，民间只准用一尺长的材质来写信，于是，人们在“牍”“素”“纸”等名称的前面加上了一个“尺”字，更加形象来称呼书信，充分展示了书信的时代特色，如“尺牍”“尺素”“尺纸”“尺书”“尺翰”等。唐张九龄《当途界寄裴宣州》有句:“委曲风波事，难为尺素传”;《宋书·沈璞传》有句:“复裁少字，宣志于璞，聊因尺纸，使卿等具知厥心。”

书筒：指盛书信的邮筒，也用来代指书信。

朵云：笺上的一种五朵云的花纹，文人常用有这种图案的笺纸写信,后来就用朵云作为对别人书信的敬称。宋汪洋《回谢王参议启》有句:“尚稷尺牍之驰，先拜朵云之赐。”

鸾笺：宋时蜀地善之十色彩笺，笺上隐然有花木麟鸾图案，因此书信别称为“鸾笺”。

八行书：旧时竖立式信笺，多用红线划分八行，故有此别称。

随着汉语双音词的大量出现，人们将原来表示书信的单音节词两两组合，合成一个词来指代书信，意思并没有发生变化，如“简书”“简札”“简帖”“书牍”“书札”“帛书”等。唐李商隐《为举人献韩郎中琮启》中云：“仰瞻几阁，伏待简书。”

霜　月

初闻征雁[1]已无蝉[2]，百尺楼台[3]水接天[4]。

青女[5]素娥[6]俱耐冷，月中霜里斗[7]婵娟[8]。

◎注释

①征雁：指迁徙的大雁，大雁春天飞往北方，秋天飞往南方，不惧远行，故称征雁。

②无蝉：雁南飞时已听不见蝉鸣。

③楼台：一作“楼南”。《全唐诗》作“楼高”。

④水接天：水天一色，不是实写水，而是形容月、霜和夜空如水一样明亮。

⑤青女：主管霜雪的女神。《淮南子 · 天文训》：“青女乃出，以降霜雪。”

⑥素娥：嫦娥。

⑦斗：比赛的意思。

⑧婵娟：美好，古代多用来形容女子，也指月亮。

◎译文

听到南飞的雁叫时已听不到鸣蝉，
百尺高楼霜华月露融为水天一片。
青女与嫦娥与生俱来耐得住清冷，
月宫和霜天比谁有冰清玉洁容颜。

◎创作背景

这首诗具体写作年份已不可考，是诗人在深秋月夜，登楼远眺所观赏到的景色时写下的。冯浩《玉溪生诗集笺注》以为是艳情诗。

◎赏析

这首诗作者写深秋月夜景色，但是诗人没作静态描写，而是借神话传说婉言月夜的冷艳之美。

“初闻征雁已无蝉”，以物候变化说明霜冷长天，深秋已至。“征雁”和“蝉”是作者用深秋季节的候鸟和夏季才会出现的昆虫来交代时令，但是，如果诗人说:“这是深秋了，天气已经很冷了”就缺乏诗的意境美,现在作者在诗句中用“征雁”和“蝉”来表达时令，立即赋予了诗歌优美的画面感，而且是一种“凉凉的美感”。“征雁”给人带来了一股寒凉的秋意。

“百尺楼台水接天”，描绘天穹高迥、水天一色的秋景画面。秋天的水一般来说比较清澈，不似夏天那么浑浊，当“楼台”的影子倒映在秋水中时，水中的倒影就非常清晰。秋季天气晴朗的时候，蓝蓝的天空给人以更高更远的感觉，当蓝蓝的天空倒映在水中，高高的楼台也倒映在水中，二者的影像在水中融在一起，自然就给人以“水接天”的感觉，此时，那高高的楼台连接水中的倒影，也就越发显得高，所以作者用“百尺”来形容。从这里我们可以看到，诗人不仅是写生的妙手，而且是随物赋形的画工，最普通通的素材，在诗人的笔下，都被描绘成一幅无比优美的画卷，创造出一种超凡美幻的意境。

“青女素娥俱耐冷，月中霜里斗婵娟”，以想象来描写一种意境清幽、空灵且又冷艳绝俗的画面，这是诗人诗词创作中一直坚持的“唯美”的艺术倾向。“青女”“素娥”在诗里是作为“霜”和“月”的象征，诗人所描绘的不仅仅是秋夜的自然景象，而是勾摄了清秋的魂魄，霜月的精神，这是诗人从霜月交辉的夜景里发掘出来的自然之美，反映出诗人在混浊的现实环境里追求美好、向往光明的美好愿望，同时也是诗人性格中高标绝俗、耿介不随的一面的自然流露。

这首诗在艺术手法上先实写环境背景，再从实景中生发出想象中的意境，传达一种生动而优美的景象，使人的心灵随着诗人的想象而飞越到神话世界中去，使诗歌创作出的形象成为一种用幻想和现实交织在一起而构成完美的整体，也是这首诗的美学价值所在。

◎轶闻异物录

霜雪女神——青女

青女，中国传说中掌管霜雪的女神。《淮南子·天文训》:“至秋三月……青女乃出，以降霜雪。”《山海经》中的武罗是青女神话的原型之一。

传说，武罗姑娘因协助黄帝收伏蚩尤的七十二弟兄有功，被封为青要山女神，掌管人间婚姻。她一心要广施爱心，造福人间，但刚刚大战之后，到处是血污腥风，山瘴毒雾，加上天无四季，终年炎热，于是百病滋生,瘟疫流行,世人还是难脱苦海。武罗女神为了驱邪除污，净化人寰，给人们消灾祛病，特地登上月亮，到广寒宫请来了降霜仙子——青女。

青女本是月中吴刚大仙的妹妹，名叫吴洁，在广寒宫里专司降霜洒雪的仙子。这年九月十四日，她下凡来到人间，站在青要山中心最高峰上，手抚一把七弦琴，清音徐出，霜粉雪花随着颤动的琴弦飘然而下，洒在大地上，霜冻雪封，掩埋掉世间一切不洁。于是，邪气污秽，山瘴毒雾，顿时消失，人们的灾灾病病也就全无了。从那时起，每年三月十三日、九月十四日，吴洁仙子要两次降霜。于是，九月霜，腊月雪，来年三月又霜，六月大暑，周而复始，四季乃分，百禾俱生。人们不仅能免灾祛病，而且可以丰衣足食了。故在古诗词中“青女”有时候被借指霜雪。

风　雨

凄凉宝剑篇[①]，羁泊[②]欲穷年[③]。

黄叶[④]仍风雨，青楼[⑤]自管弦。

新知[⑥]遭薄俗[⑦]，旧好[⑧]隔[⑨]良缘。

心断[⑩]新丰[⑪]酒，销愁斗几千[⑫]。

◎注释

①宝剑篇：是唐初郭震（字元振）所作诗篇名。《新唐书·郭震传》载，武则天召他谈话，索其诗文，郭即呈上《宝剑篇》，中有句云："非直接交游侠子，亦曾亲近英雄人。何言中路遭捐弃，零落飘沦古岳边。虽复沉埋无所用，犹能夜夜气冲天。"武则天看后大加称赏，立即加以重用。

②羁泊：羁旅漂泊。

③穷年：可以理解为终生。

④黄叶：用以自喻。

⑤青楼：青色的高楼。此泛指精美的楼房，即富贵人家。

⑥新知：新的知交。

⑦遭薄俗：遇到轻薄的世俗。

⑧旧好：旧日的好友。

⑨隔：阻隔，断绝。

⑩心断：意绝。

⑪新丰：地名，在今陕西省临潼区东部，古时以产美酒闻名。

⑫几千：指酒价，美酒价格昂贵。

◎译文

我虽怀有匡国之志也著《宝剑篇》诗章，

但却不遇明主，长期羁旅在外虚度华年。
我像一枚黄叶遭遇着风雨的摧损而枯衰，
豪门贵族的高楼里阔人们正在轻歌曼舞。
新结交的朋友正遭受着浅薄世俗的非难，
故旧日的老友又因层层阻隔而疏远无缘。
想借新丰美酒来消愁解闷了断心中苦烦，
只要能够消愁管它价钱是十千还是八千。

◎创作背景

这首诗具体创作时间不详，是李商隐抒写他在“牛李党争”中成为党争的牺牲品，一生四处漂泊、寄迹幕府、穷愁潦倒的凄酸生活境遇。

◎赏析

这是一首作者以风雨比喻自己境遇的。全诗意境悲凉，表现诗人沉沦孤独的感情和遭遇，真切感人。

“凄凉宝剑篇，羁泊欲穷年”，开篇就在苍凉沉郁的气氛中展示理想与现实的矛盾。作者用本朝典故，以郭震见召重用成为名臣，与自己的怀才不遇、漂泊无归形成强烈的对比，既表现了自己不甘沉沦、意欲匡时济世的胸怀，又流露了对初唐开明政治的欣慕之情。句中“凄凉”“羁泊”连用，再加上用“欲穷年”来突出凄凉羁泊生涯的无穷无止，使得满纸皆是悲酸、凄苦。“穷年”是作者对自己漂泊无归处境的哀鸣。

“黄叶仍风雨，青楼自管弦”，进一步抒写羁泊异乡期间风雨凄凉的人生感受。前句用“风雨”中飘零满地的“黄叶”象征自己不幸的身世遭遇，与后句实写“青楼”“管弦”形成一喧一寂的鲜明对比，形象地展现出沉沦寒士与青楼豪贵苦乐悬殊、冷热迥异的两幅对立的人生图景。“仍”是更、兼之意，与“自”开合相应，极富韵味，有力地透出作者内心难以忍受的痛苦含蓄地表现出诗人对这种社会现实的义愤不平。

“新知遭薄俗，旧好隔良缘”，在羁泊异乡的凄凉孤子境况之中,友谊的温暖往往是对寂寞心灵的一种慰藉,但对“新知”“旧好”的忆念反而给心灵带来更深的痛苦。“遭”与“隔”写出诗人在现实中孑然孤立的处境，也蕴含了诗人对“薄俗”的强烈不满。这两句既是对自己处境的深一层描写，也是对人生感受的深一层抒发。

“心断新丰酒，销愁斗几千”，唯一能使凄凉的心得到暂时温暖的便只有酒。这里的“新丰酒”和首联的“宝剑篇”一样，也暗用典故。初唐时期的马周落拓未遇时，西游长安，住新丰旅舍，受到冷遇，遂取酒独酌，表现出不凡的气度和性格。后受皇帝赏识，拔居高位。“心断”是诗人想到自己只有马周当初未遇时的落拓，却无马周后来的幸遇，所以想用新丰美酒解胸中羁泊异乡，远离京华的苦闷都不可得，故说“心断”，将诗人内心的郁积苦闷发抒到极致，让读者真切的感受到诗人那种苦闷无法排遣、心绪茫然无着的内心世界。

全诗充溢着生平零落不能遂愿的牢骚，有强烈的仕进心理。题“风雨”，具有象征意蕴，象征着冷酷、压抑、摧残扼杀贤才的社会现实。品味全诗，便会体会到作者在批判揭露阴暗现实的同时又表现一种积极用世的生活热情，故此诗具有典型性和深广的社会意义。

◎轶闻异物录

郭元振

郭元振（656—713），名震，字元振，魏州（今河北省）人，祖籍太原阳曲，唐朝名将、宰相。

郭元振出身进士，授尉，后得到武则天的赞赏，被任命为右武卫铠曹参军，又进献离间计，使得吐蕃发生内乱。

长安元年（701 年），郭元振升任凉州都督、陇右诸军州大使。当时，凉州南北不过四百多里，突厥、吐蕃常来侵扰，凉州军民深以为苦。郭元振到任后，在南部边境的硖口修筑和戎城（今甘肃古浪），在北部边境的沙漠中设置白亭军（今甘肃民勤东北），控制了凉州的交通要道，将凉州边境拓展了一千五百里。从此，突厥、吐蕃的兵马再也无法到州城侵扰。

郭元振又让甘州刺史李汉通实行屯田政策，充分利用当地的河流土地从事农业生产。此前，凉州地区的谷子每斛高达数千钱，而屯田后，一匹细绢就可以换到数十斛粮，积存的军粮可供数十年之用。

郭元振擅长安抚、统治百姓，在凉州任职的五年中，深受当地各族百姓敬仰，并且法令严正，军纪严明，使得治下牛羊遍野、路不拾遗。后来，郭元振因反对朝廷引吐蕃兵攻打娑葛，得罪宰相，被诬“有异图”，险遭陷害。

唐睿宗继位后，郭元振入朝，历任太仆卿、尚书，又加封兵部尚书、同中书门下三品，进爵馆陶县男。

先天二年（713 年），郭元振再次拜相，并辅助唐玄宗诛杀太平公主，兼任御史大夫，进封代国公。不久，唐玄宗在骊山讲武，郭元振因军容不整之罪，被流放新洲，后在赴任司马途中，抑郁病逝。

柳

曾逐东风[①]拂舞筵[②]，乐游[③]春苑断肠天[④]。

如何肯到[⑤]清秋[⑥]日，已带斜阳又带蝉。

◎注释

① 东风：指春风。

② 舞筵：舞蹈时铺地用的席子或地毯。

③ 乐游：乐游原的省称，也叫乐游苑，在唐代长安东南，今陕西西安市郊。

④ 断肠天：指繁花似锦的春天。断肠：销魂。

⑤ 肯到：会到。

⑥ 清秋：明净爽朗的秋天。

◎译文

曾为追逐名利像舞女般在宴席上舞蹈，
不料那美好的春日成了我肝肠寸断天。
转眼间又到了这难以打发的萧瑟秋日，
已是夕阳斜照了秋蝉又在哀哀地鸣叫。

◎创作背景

此诗约写于唐宣宗大中五年（851 年），诗人在长安初应东川节度使之聘时所作。李商隐在被柳仲郢辟为节度书记后的几年离都在柳幕中，所以他的咏柳诗应是借府主的姓氏抒发感慨。诗人写此诗时，妻子刚刚病故，自己不久又将只身赴蜀，去过那使人厌倦的幕府生涯，哀念妻子、悲叹前路、心情惨苦，故诗人借咏柳自伤迟暮，倾诉隐衷。

◎赏析

这首诗是诗人借柳的形象来自比，抒发凄凉一生的情感。

“曾逐东风拂舞筵，乐游春苑断肠天”，诗写的是秋日之柳，但诗人不从眼前写起，而是先追想它春日的情景。“拂舞筵”仿佛使人看到柳枝同舞女一同翩翩起舞的场面，分不清哪是舞女，哪是柳枝，两者互衬，优美动人！一个“舞”字形象地表现出春柳的婀娜多姿，同时，又把柳枝与热闹的舞筵结合起来，更加衬托了柳枝的欢乐。“逐”字说柳枝在追逐东风，变被动为主动，写出柳枝的蓬勃生气。暗喻诗人曾经为了追逐名利也像一个舞女一样在别人家的盛宴上不停旋转着，舞蹈着。

“如何肯到清秋日，已带斜阳又带蝉”，陡然一转，描绘出杨柳完全相反的另一种景象。“清秋”又当“斜阳”，环境更加凄凉。临近生命终结的秋蝉，鸣声更加凄厉。“如何肯到”既是反诘，又是感叹，同时又是转折。“肯”字使诗意更加深邃，言外之意是说不如不到秋天来，大有悲不欲生之痛。此处的转折顿挫有力，增强了对比感：春日之柳的繁盛，正反衬出秋日之柳的枯凋；春日愈是繁华得意，愈显出秋日的零落憔悴。诗正是通过这种强烈的对比描绘，来表现对秋柳稀疏衰落的悲叹之情。“带”与第一句中的“逐”字一样,使柳枝由被动变为主动，化客观死景为活景，层层推进，强化秋日之柳的不幸。

全诗言少意丰，隐而不露，含蓄委婉。全篇不着一个“柳”字，却句句关柳，句句是景，句句咏物，而又句句写人，抒发对稀疏衰落的秋柳的悲叹之情。诗中秋柳的今昔荣枯悬殊变化正是诗人身世的生动写照。

◎轶闻异物录

唐人笔下的秋蝉

古人认为，蝉“饮露而不食”是高洁的表现，所以《诗经》《楚辞》中都有对蝉的描写，但作为一个独立的艺术形象，到东汉时才出现。汉末蔡邕和三国曹植都写过《蝉赋》。南北朝时的张正见、江总、沈约以及隋朝的卢思道等都有咏蝉诗。

唐人咏蝉，情况相对复杂，咏蝉诗数量也多，《全唐诗》共录咏蝉诗 60 余首，且风韵各异，蝉的艺术形象前后有很大不同。

初唐诗人笔下的蝉是清高、自重、风雅的象征，主调是颂扬蝉的高洁，也具有一种要求鸣响、希冀奋飞的精神。虞世南和他的《蝉》诗，算是突出代表：“垂緌饮清露，流响出疏桐。居高声自远，非是藉秋风。”这里的蝉，象征才高自负的要人。

中唐时期，由于宦官专权、藩镇割据，各种社会矛盾日益激化。蝉声牵动人们的愁肠，咏蝉的主调也由高洁变为悲凉，有的感叹人生匆匆，有的则婉转表达自身的忧国之情。刘禹锡写给白居易的《答白刑部闻新蝉》诗云：“蝉声未发前，已自感流年。一入凄凉耳，如闻断续弦。”就是悲凉情绪的表现。

晚唐时期，咏蝉诗中的蝉由原来高洁的象征变为污浊的典型。这大概是因为唐末社会腐败不堪，人们对达官贵人所标榜的高洁有了一种新的认识。诗人对官场的昏聩污浊有切身体会，作品对现实也多讽刺和揭露。

艺术反映时代。即使一只小小的蝉，其形象在艺术作品中也有很大的发展变化。

瑶 池

瑶池阿母[①]绮窗开，黄竹歌声[②]动地哀。

八骏[③]日行三万里，穆王[④]何事不重来。

◎注释

①瑶池阿母:《穆天子传》卷三:“天子宾于西王母，天子觞西王母于瑶池之上。西王母为天子谣曰:‘白云在天，山陵自出。道里悠远，山川间之。将子无死，尚能复来。’天子答之曰:‘予归东土，和治诸夏。万民平均，吾顾见汝。比及三年，将复而野。’”《武帝内传》称王母为“玄都阿母”。

②黄竹歌声:《穆天子传》卷五:“日中大寒，北风雨雪，有冻人。天子作诗三章以哀民。”

③八骏：传说周穆王有八匹骏马，可日行三万里。《列子》《穆天子传》等记载不一。

④穆王：西周人，姓姬名满，传说他曾周游天下。

◎译文

西王母在瑶池上把绮窗打开；
只听得黄竹歌声音动地悲哀。
八骏神马的车子日行三万里；
周穆王为了何事违约不再来?

◎创作背景

这首诗创作年代不详，有待考证。

◎赏析

这首诗是借西游遇仙人的神话，讥刺皇帝不把主要精力用于治国理政而整日求仙寻找长生药的虚妄与荒唐。

“瑶池阿母绮窗开，黄竹歌声动地哀”，写西王母倚窗伫望，候穆王而不至，暗示穆王已死。首句是仙境的绮丽风光，次句是人间的凄楚情景，形成强烈的对比。这个对比有含两层含意：一是隐喻作歌之人已死，唯其歌声徒留人间，仙境虽美，怎奈无缘得去，暗含着对求仙的讽刺；二是用《黄竹歌》诗意，暗示人民在挨饿受冻，而统治者却在追求长生不死，希图永远享受，寄寓着对统治者求仙的斥责。“绮窗开”“黄竹歌声”极言指仙境的绮丽风光和美妙的音乐。“动地哀”暗示百姓生活在水深火热的悲苦之中，与仙境的绮丽、歌声的曼妙形成强烈的对比。

“八骏日行三万里，穆王何事不重来”，写西王母因穆王不来而心生疑问。诗人不作正面议论，而却以西王母心中的疑问作诘，刺人想求仙而长生只能是妄想，显示了求仙的妄想与人之死亡是不可避免的对立。希望对当朝君臣迷信长生不死之术提出一些警示。

整首诗构思巧妙、用心良苦，讽刺辛辣、韵味无穷。

◎轶闻异物录

西王母

王母娘娘：又称太华西真万炁祖母元君、九灵太妙龟山金母、太灵九光龟台金母、瑶池金母、金母元君、西王母、西灵圣母、金母、王母、西姥等，全称为“上圣白玉龟台九灵太真无极圣母瑶池大圣西王金母无上清灵元君统御群仙大天尊”。最初在《山海经》中的形象是人身、虎齿、豹尾、批发戴胜。后世其形象转换，虎身被认为是西王母使者，西方白虎之神。

古籍传说中都有关于西王母的记载。商代的《归藏》对照西周的《周易》，可知王母拥有不死神药。《竹书纪年》中，西王母的形象是一位雍容的女帝王形象。到了《穆天子传》中的西王母已经由怪物变成一位会唱歌、会款待君王的主人了，而且还与穆天子相约来日再见。

再稍后的《汉武故事》中，有一段写西王母会见汉武帝，对西王母的描述更详细："七月七日，上（指汉武帝）于承华殿斋，日正中，忽见有青鸟从西方来………是夜漏七刻，空中无云，隐如雷声，竟天紫气。有顷，王母至，乘紫车，玉女夹驭，戴七胜，青气如云，有二青鸟，夹侍母旁，下车，上迎拜，延母坐，请不死之药。"这里的西王母是西方的王母，有玉女帮她驾车，有青鸟当她的从者。

西王母的神话，流传到汉朝，便成为一位雍容华贵、风姿绰约的美丽仙女，与最初虎齿豹尾的怪物相差十万八千里。

凉　思[1]

客去波平槛[2]（jiàn），蝉休[3]露满枝。

永怀[4]当此节[5]，倚立[6]自移时[7]。

北斗[8]兼春[9]远，南陵[10]寓[11]使迟。

天涯占梦[12]数[13]，疑误有新知[14]。

◎注释

①凉思：凄凉的思绪。唐·李贺《昌谷诗》："鸿珑数铃响，羁臣发凉思。"

②槛：栏杆。

③蝉休：蝉声停止，指夜深。

④永怀：长想，长久思念。《诗经·周南·卷耳》："我姑酌彼金罍，维以不永怀。"

⑤此节：此刻。

⑥倚立：意思是今日重立槛前。

⑦移时：历时、经时，即时间流过，经历一段时间。《后汉书·吴祐传》："祐越坛共小史雍丘、黄真欢语移时，与结友而别。"

⑧北斗：北斗星，因为它屹立天极，众星围绕转动，古人常用来比喻君主，这里指皇帝驻居的京城长安。

⑨兼春：兼年，两年。

⑩南陵：今安徽南陵县，唐时属宣州。此指作者怀客之地。

⑪寓：寄，托。

⑫占梦：占卜梦境，卜度梦的吉凶。《诗经·小雅·正月》："召彼故老，讯之占梦。"郑玄笺："召之不问政事，但问占梦，不尚道德而信徵祥之甚。"

⑬ 数：屡次。

⑭ 新知：新结交的知己。语本《楚辞·九歌·少司命》：“悲莫悲兮生别离，乐莫乐兮新相知。”

◎译文

当初你离去时春潮漫平栏杆；
如今秋蝉不鸣露水挂满树枝。
我永远怀念当时那美好时节；
今日重倚槛前不觉时光流逝。
你北方的住处像春天般遥远；
我在南陵嫌送信人来得太迟。
远隔天涯我屡次占卜着美梦；
疑心你有新交而把老友忘记。

◎创作背景

此诗写作背景难以考定，诗中所叙情事不甚了了。李商隐一生不得志，在朝只做过短短两任小官，其余时间都漂泊异乡，寄人幕下。这首诗大约写在又一次飘零途中，缅怀长安而不得归，寻找新的出路又没有结果，素抱难展，托身无地，只有归结于悲愁抑郁的情思；或以为此诗是写女子怀念情人，并疑心他有了新欢，而把自己抛弃。

◎赏析

这首诗是诗人在秋天的夜晚怀念故友人的一段情思，也暗喻出自己难展抱负的愁怀。诗题“凉思”语意双关：既指“思”由“凉”生；也意味着思绪悲凉。

“客去波平槛，蝉休露满枝”，写访客离去的情景虽是写景，实际上反映了诗人由闹至静后的心境。此句不光在于写景真切，还细致地描摹出诗人心理感受的微妙变化。当客人告退、孤身独坐时，才发现：哟，怎么不知不觉间面前的水波已涨得这么高了！清露也挂满树枝，好一幅水亭秋夜的清凉图景！为引起愁思做铺垫。

“永怀当此节，倚立自移时”，诗人续接上句将笔触由“凉”转入“思”，使一种愁思绵绵的悲凉情味渗透出来，让读者似乎看到诗人在水亭栏柱之间久久的倚立，思潮起伏，凝神长想的样子。

“北斗兼春远，南陵寓使迟”，进入诗人所思的内容：离开长安已有两个年头，滞留远方未归；而托去南陵传信的使者，又迟迟不带回期待的消息。描写诗人远离长安后，期盼收到昔日好友来信的焦急心情。

“天涯占梦数，疑误有新知”，处在这样进退两难的境地，诗人于是产生了被弃置天涯、伶仃无告的感觉，屡屡借梦境占卜吉凶，甚至猜疑所联系的对方有了新结识的朋友而不念旧交了，暗喻诗人理想迟迟不能实现，内心不免怅惘。

全诗采用直抒胸臆的方式，语言风格爽朗清淡，不假雕饰，用词简练，意蕴温婉，清新淡雅，情深意长。

◎轶闻异物录

吴　祐

吴祐（？—？）生卒年不详，一作吴佑，字季英，陈留长垣人，东汉官员，南海太守吴恢（或作吴惔）之子。吴祐初举孝廉，担任官职。后因举光禄四行（四行即敦厚、质朴、逊让、节俭）迁任胶东侯相。当时济北人戴宏的父亲是胶东县丞，戴宏年十六岁，跟着父亲居住在丞舍。吴祐每次到园中，经常听到讽诵的声音，奇怪而厚相看待，也与他交为朋友，戴宏最终成为儒学大宗，闻名东方，官至酒泉太守。

吴祐为政仁爱简易，以身作则。百姓有争讼的，吴祐常闭门反省，然后再断案，用道德晓谕百姓，有时亲到闾里，力劝和解，自此百姓争端减少，吏人怀德不相欺诈。当时来到京师游太学，没有饭吃，于是换了衣服打工，为吴祐舂米。吴祐与他谈话，大为惊异，就与他定交于舂米的地方。

吴祐在胶东任职九年，调任齐相，经大将军梁冀举荐任长史。后因梁冀诬陷太尉李固，吴祐为李固争辩，梁冀发怒起身进屋，吴祐也不辞而去。梁冀将吴祐调任河间相，吴祐因此辞职归家，不再为官，终以九十八岁高龄去世。成语“知人之明”即当时的陈留太守冷宏称赞他的话。

无题四首·蓬山远

来是空言去绝踪，月斜楼上五更钟。

梦为远别啼难唤，书被催成墨未浓。

蜡照半笼[1]金翡翠[2]，麝[3]薰微度[4]绣芙蓉[5]。

刘郎[6]已恨蓬山远，更隔蓬山[7]一万重。

◎注释

①半笼：半映，指烛光隐约，不能全照床上被褥。

②金翡翠：指饰以金翠的被子。《长恨歌》："翡翠衾寒谁与共。"

③麝：本动物名，即香獐，其体内的分泌物可作香料，这里即指香气。

④度：透过。

⑤绣芙蓉：指绣花的帐子。

⑥刘郎：相传东汉时刘晨、阮肇一同入山采药，遇二女子，邀至家，留半年乃还乡。后也以此典喻"艳遇"。

⑦蓬山：蓬莱山，指仙境。

◎译文

你说来相会是空话，别后不见踪影；
醒来楼上斜月空照，听得晓钟初鸣。
梦里为伤远别啼泣，双双难以呼唤；
醒后研墨未浓，奋笔疾书写成一信。
残烛半照金翡翠的被褥，朦朦胧胧；
麝香熏透芙蓉似的纱帐，软软轻轻。
当年的刘郎，早已怨恨那蓬山遥远；
你去的所在，要比蓬山更隔万重岭！

◎创作背景

这首诗具体创作年份已不可考,是诗人众多《无题》中的一首七律,历来争论较多。有人说是诗人思念情人的情诗，有人说是女主人公对情人的思念，有人说是写给亡故妻子王氏的悼亡诗，有人说是通过爱情来寄托诗人与令狐绹的关系，还有人说抒发的是君臣际会无期的慨叹。可以说，这是李商隐无题诗中最难索解的诗篇之一。

◎赏析

这首诗通过“梦”来写离别之恨，突出了爱情受阻。暗喻作者的人生犹如这场没有结局的恋爱，表达了作者有志不能伸的苦闷之情。

“来是空言去绝踪，月斜楼上五更钟”，首句凌空而起，次句宕开写景，两句若即若离，把夜来入梦两人忽得相见，一觉醒来却踪迹杳然的情境描摹得十分真切；再辅以醒后唯见朦胧斜月空照楼阁，远处传来悠长而凄清的晓钟声等视觉和听觉描写，加强了凄凉冷清气氛的渲染。“五更钟”让梦醒后的空寂更加证实了梦境的虚幻。

“梦为远别啼难唤，书被催成墨未浓”，追忆梦中情景，远别经年，会合无缘。梦中相会而来的梦中分别，带来的是难以抑止的梦啼。这样的梦，正反映了长期远别造成的深刻伤痛，强化了刻骨的相思。“书被催成墨未浓”,写梦醒后立刻修书寄远。“墨未浓”表明在强烈思念之情驱使下奋笔疾书的当时，居然没有注意到墨的浓淡，只在“书被催成”之后，才意外地发现原来连墨都未研磨好呢！表现主人公那强烈的思念之情。

“蜡照半笼金翡翠，麝薰微度绣芙蓉”，刚刚消逝的梦境和眼前所见的室内景象在朦胧光影中浑为一片，分不清究竟是梦境还是实境，作者把恍惚迷离中一时的错觉与幻觉写得极为生动传神。而作者对室内环境气氛的描绘渲染，富有象征色彩。

“刘郎已恨蓬山远，更隔蓬山一万重”，借刘晨重寻仙侣不遇的故事，点醒爱情阻隔，无法度越。“已恨”“更隔”，层递而进，突出了阻隔之重。幻觉一经消失，随之而来的便是室空人杳的空虚怅惘，和对方远隔天涯、无缘会合的感慨。

整首诗首尾句遥相呼应，通篇围绕“梦”来写离别，却没按常规的记梦诗的顺序来写，而是先从梦醒时的情景倒写，然后将梦中与梦后、实境与幻觉糅合在一起，创设出一个亦梦亦真、亦幻亦实的艺术境界，构思曲折跌宕，使全诗俨然成为一部迷离恍惚的、梦幻式的、心理情景剧。

◎轶闻异物录

麝　香

麝香是麝科动物林麝、马麝或原麝雄体香囊中的干燥分泌物，也是一种药材，又名寸香、元寸、当门子、臭子、香脐子。

麝鹿是生长在尼泊尔及我国西北高原的野生动物。雄性麝鹿从两岁开始分泌麝香，自阴囊分泌的淡黄色、油膏状的分泌液存积于位于麝鹿脐部的香囊，并可由中央小孔排泄于体外。传统的方法是杀麝取香，即切取香囊，先行干燥，腺囊干燥后，分泌液变硬、呈棕色，成为一种很脆的固态物质，呈粒状及少量结晶。固态时麝香发出恶臭，用水或酒精高度稀释后才散发独特的动物香气。由于保护野生动物资源的需要，猎麝已受到禁止或限制，所以才试验成功了更科学的养麝刮香方法。无论何种方法获得的麝香，价格都是相当昂贵的。

无题二首

其一 · 飒飒东风细雨来

飒飒东风细雨来，芙蓉塘[①]外有轻雷[②]。

金蟾[③]啮[④]锁烧香入，玉虎[⑤]牵丝[⑥]汲井回。

贾氏[⑦]窥帘韩掾[⑧]少，宓（fú）妃[⑨]留枕魏王[⑩]才。

春心[⑪]莫共花争发，一寸相思一寸灰。

其二 · 何处哀筝[⑫]随急管[⑬]

何处哀筝随急管，樱花永巷[⑭]垂杨岸。

东家老女[⑮]嫁不售[⑯]，白日当天三月半。

溧（lì）阳公主[⑰]年十四，清明暖后同墙看[⑱]。

归来展转[⑲]到五更，梁间燕子闻长叹。

◎注释

①芙蓉塘：荷塘。

②轻雷：借用司马相如《长门赋》中“雷殷殷而响起兮，声像君之车音”的意境。

③金蟾：金蛤蟆。古时在锁头上的装饰。

④啮：咬。

⑤玉虎：用玉石作装饰的井上辘轳，形如虎状。

⑥丝：指井索。

⑦贾氏：西晋贾充的次女。她在门帘后窥见韩寿，爱悦他年少俊美，两人私通。贾氏以皇帝赐贾充的异香赠寿，被贾充发觉，遂以女嫁给

韩寿。

⑧ 韩掾：指韩寿。韩曾为贾充的掾属。

⑨ 宓妃：古代传说，伏羲氏之女名宓妃，溺死于洛水上，成为洛神。这里借指三国时曹丕的皇后甄氏。相传甄氏曾为曹丕之弟曹植所爱，后来曹操把她嫁给曹丕。甄后被馋死后，曹丕把她的遗物玉带金缕枕送给曹植。曹植离京途径洛水，梦见甄后来相会，表示把玉枕留给他作纪念。醒后遂作《感甄赋》，后明帝改为《洛神赋》。

⑩ 魏王：指魏东阿王曹植。

⑪ 春心：指相思之情。

⑫ 哀筝：高亢清亮的筝声。

⑬ 急管：急促的管乐。

⑭ 永巷：深长的街巷。

⑮ 东家老女：宋玉《登徒子好色赋》："臣里之美者，莫若臣东家之子。"此处用此意暗示这位老女是容华美艳的姑娘。

⑯ 嫁不售：嫁不出去。

⑰ 溧阳公主：梁简文帝的女儿。这里泛指贵家女子。

⑱ 同墙看：谓东家老女也随俗游春，同在园墙里看花。

⑲ 展转：同"辗转"。

◎译文

其一

飒飒的东风吹来阵阵的细雨，
阵阵轻雷响彻荷花池塘内外。
从金蟾的炉内飘出缕缕清香，
转动玉虎辘轳可以汲上饮水。
贾氏隔帘偷窥韩寿英俊年少，
宓妃赠送玉枕钦慕曹植文采。
爱情的种子不要和春花开放，
寸寸相思只会化成寸寸尘灰。

其二

哪来的哀怨筝声伴着急骤的箫管；
樱花怒放于深巷垂杨轻拂于河岸。
东邻有位姑娘因家贫而嫁不出去，
正对着暮春三月的当空丽日嗟叹。
看人家溧阳公主刚刚年满十四岁，
天气刚刚回暖就由爱人陪着赏玩。
贫家姑娘回到家后一夜辗转无眠，
只有梁间的燕子倾听着她的长叹。

◎创作背景

此诗约作于唐宣宗大中六年（852年），李商隐的恩师令狐楚之子令狐绹在大中四年（850年）出任宰相，李商隐不由想起年轻时得其父亲令狐楚的青睐而得中进士。只是物是人非，现在和其子的关系竟然隔阂的犹如沟壑。念此，作者写下此诗。

◎赏析

《无题二首》包括两首七律，均是描写男女追求爱情的爱情诗，但全诗却融进了作者的身世之感，寄托了作者仕进无门的痛苦之情。

第一首写一位深锁幽闺的女子追求爱情而失望的痛苦，是一篇“刻意伤春”之作。

“飒飒东风细雨来，芙蓉塘外有轻雷”，描绘环境气氛，烘托出女主人公春心萌动和难以名状的迷惘苦闷。“东风细雨”容易令人联想起“梦雨”的典故；“芙蓉塘”在南朝乐府和唐人诗作中常代指男女相悦传情之地。这一系列与爱情密切相关的词语，所给予读者的暗示和联想很为丰富。这种富于暗示性的诗歌语构筑了一种邈远的艺术意境，产生出一种难以言传的朦胧美。

“金蟾啮锁烧香入，玉虎牵丝汲井回”，写女子居处的幽寂，表现女主人公深闭幽闺的孤寞，又暗示她内心时时被牵动的情丝。“金蟾”“锁”“玉虎”“丝”这些室内外的景物描写都是为了衬托出女子幽处孤寂的情景和长日无聊、深锁春光的惆怅。“香炉”和“辘轳”，在诗词中也常和男女欢爱联系在一起，它们同时又是牵动女主人公相思之情的东西。而“香”和“丝”的谐音是“相”“思”，由此可以诗人在创作这首诗时的良苦用心。

“贾氏窥帘韩掾少，宓妃留枕魏王才”，用贾充女与韩寿的爱情故事和甄后与曹植的爱情故事，反映出青年女子追求爱情的愿望之强烈，奔放。

“春心莫共花争发，一寸相思一寸灰”，突然转折，热情转化成幻灭的悲哀和强烈的激愤。以“春心”喻爱情的向往，是平常的比喻；但把“春心”与“花争发”联系起来，不仅赋予“春心”以美好的形象，而且显示了它的自然合理性。“相思”本是抽象的概念，诗人由香销成灰联想出“一寸相思一寸灰”的奇句，化抽象为具象，用强烈对照的方式显示了美好事物之毁灭，使这首诗具有一种动人心弦的悲剧美，这是深锁幽闺、渴望爱情的女主人公相思无望的痛苦呼喊。

第二首也是写失意的爱情，而这种失意的爱情中又融入诗人自己的身世之感，在相思成灰的爱情感慨中含蕴着诗人仕途失意的不幸遭际。

“何处哀筝随急管，樱花永巷垂杨岸”，只描写环境，人物并未出场，但景物描写中隐含着人物的感情活动。“哀筝随急管”不只表现出急管繁弦竞逐的欢快、热烈和喧闹，也暗示出听者对音乐的那种撩拨心弦的力量的特殊感受。“何处”以发问领起，先写闻乐，再写乐声从樱花盛开的深巷、垂杨飘拂的河边传出，传神地表现出听者闻乐神驰、寻声循踪的好奇心。

“东家老女嫁不售，白日当天三月半”，这两句先推出人物，再展开一幅丽日当天，春光将暮的图景。不用任何说明，读者自能想见容华绝世而婚嫁失时的东家老女面对春光将暮之哀伤。

“溧阳公主年十四，清明暖后同墙看”，同样是阳春三月，丽日当天，一边是年长难嫁，形单影只；一边却是少年得志，夫妇同游。用鲜明的对比图景表现出两种不同社会地位女子完全不同的境遇。“溧阳公主”是梁简文帝的女儿，嫁侯景，为景所宠。作者借用此名代称贵家女子。

“归来展转到五更，梁间燕子闻长叹”，暮春三月、芳华将逝的景色，丝管竞逐、赏心乐事的场面，贵家女子得意美满的生活，一系列的情景都在触动着“东家老女”的孤独之感，增添了其内心的苦闷与哀怨，使其在漫长难挨的深夜辗转难眠。“梁间燕子闻长叹”，反衬东家老女的痛苦心情无人理解与同情。诗人在感叹“梁间”的“燕子”同情“东家老女”，从侧面反映出世间人情的冷漠。作者这种虚处用笔的艺术手法，使诗歌的韵味隽永而缭绕。

诗人这二首无题的主要特色是：以主人公内心独白的表达方式，描写出一幕有人物、有事件的生活场景，诗的旨意皆通过生活场景表现出来，语言朴素无华、抒情深细婉曲、意境含蓄朦胧、别具一格。

◎轶闻异物录

贾充女与韩寿和甄后与曹植的爱情故事

李商隐在《无题》中用“贾氏窥帘韩掾少”句，讲贾充女与韩寿的爱情故事，《世说新语》记载：晋韩寿貌美，大臣贾充辟他为掾（僚属）。一次充女在帘后窥见韩寿，私相慕悦，遂私通。女以皇帝赐充之西域异香赠寿。被充所发觉，遂以女妻寿。又用“宓妃留枕魏王才”句，讲甄后与曹植的爱情故事，见《文选·洛神赋》。李善注说：魏东阿王曹植曾求娶甄氏为妃，曹操却将她许给曹丕。甄后被谗死后，曹丕将她的遗物玉带金镂枕送给曹植。曹植离京归国途经洛水，梦见甄后对他说：“我本托心君王，其心不遂。此枕是我在家时从嫁，前与五官中郎将（曹丕），今与君王。”曹植感其事作《感甄赋》，后明帝改名《洛神赋》。李商隐诗句中“宓妃”即洛神，代指甄后。

这两个爱情故事，尽管结局有幸有不幸，但在女主人公的意念中，无论是贾氏窥帘，爱韩寿之少俊，还是甄后情深，慕曹植之才华，都反映出青年女子追求爱情的愿望强烈而奔放。

李商隐大事记

1. 唐宪宗元和八年（813 年）一岁，出生于河南郑州荥阳。

2. 唐宪宗元和十一年（816 年）四岁左右，随父亲李嗣赴浙江任上。

3. 唐穆宗长庆二年（822 年）十岁，父亲李嗣去世，随母亲由浙江返回郑州荥阳，归葬父亲。

4. 唐文宗大和三年（829 年）十七岁，跟随母亲移家洛阳，结识了白居易、令狐楚等前辈。后被令狐楚聘入其幕中，任巡官，曾先后随往郓州、太原等地。

5. 唐文宗大和六年（832 年）二十岁，离太原返乡郑州荥阳，入河南济源王屋山学道二、三年。

6. 唐文宗开成二年（837 年）二十五岁，赴京城长安再赴科场，在令狐楚之子令狐绹的帮助下，得中进士，随后入令狐楚幕至陕西汉中。

7. 唐文宗开成三年（838 年）二十六岁，令狐楚亡，李商隐应博学宏辞试不取，在参与料理令狐楚的丧事后不久，李商隐应泾原节度使王茂元聘请，去泾州（今甘肃泾川）做了王茂元的幕僚，娶王茂元女儿王晏媄为妻，陷入“牛李党争”并很快就为此付出了代价。

8. 唐文宗开成四年（839 年）二十七岁，应博学宏词科考试，先已录取，吏部报中书省复审时被刷落，理由是“此人不堪”。先在长安出仕秘书省，为校书郎，不久调弘农尉，因触忤上司，怒而辞职。

9. 唐武宗会昌二年（842 年）三十岁，再应书判拔萃科试，被授秘书省正字，但很快因母丧去职。

10. 唐武宗会昌六年（846 年）三十四岁，服丧期满，重入秘书省，在秘书省任正字。儿子李衮师出生。

11. 唐宣宗大中元年（847 年）三十五岁，桂管观察使郑亚邀请李商隐往赴桂林（今广西桂林），李放弃长安京职，随“李党”郑亚远赴桂海，任掌书记之职，结束了“十年京师寒且饿”的生活，在桂林不到一年，郑亚再次被贬官为循州刺史，李商隐也随之失去了工作。

12. 唐宣宗大中二年（848 年）三十六岁，李商隐回到长安，穷困潦倒之际，写信给故友令狐绹（已经进入权力的核心）请求帮助，但遭到绹拒绝，结果只能通过自己考试得到一个盩厔县尉的小职位。

13. 唐宣宗大中三年（849 年）九月，三十七岁李商隐得到武宁军节度使卢弘正的邀请，前往徐州（今江苏徐州）任职，仅一年多后，卢弘正于大中五年春天病故，李商隐不得不再一次另谋生路。

14. 唐宣宗大中五年（851 年）三十九岁，妻子王氏在春夏间病逝。秋冬随东川节度使柳仲郢入川（今四川成都）任柳仲郢幕僚，在四川梓州幕府生活的四年间，受参军的职位。

15. 唐宣宗大中九年（855 年）四十三岁，东川节度使柳仲郢被调回京城任职，出于照顾，柳仲郢给李商隐安排了一个盐铁推官的职位，出巡江苏。虽然这个职位的品阶低，但是待遇却比较丰厚。李商隐在这个职位上工作了两三年后罢职回到故乡。

16. 唐宣宗大中十二年（858 年）四十六岁，因病退职还乡。这年岁尾或下年年初，寂寞地在郑州逝世，享年不足五十岁。